Ernst Böhme

Göttingen

Kleiner Führer durch die Stadtgeschichte

Herausgeber Stadt Göttingen / Stadtarchiv

Göttinger Tageblatt

- Buchverlag -

Göttinger Tageblatt
- Buchverlag -

Impressum

Heft 6 der Reihe „Veröffentlichungen des Stadtarchivs Göttingen"
2. Auflage 2002

Herausgeber: Stadt Göttingen
Schriftleitung: Ernst Böhme, Göttingen

Druck und Verlag: Druckhaus Göttingen /
Göttinger Tageblatt GmbH & Co. KG

ISBN 3-924781-33-8

Titelbild unter Verwendung der Abbildungen
auf den Seiten 6, 12, 20, 25, 28 oben

Göttingen – Kleiner Führer durch die Stadtgeschichte

Von den Anfängen bis zum Höhepunkt städtischer Macht

Im Jahr 953 schenkte der deutsche Kaiser Otto I. dem von ihm besonders geschätzten Moritzkloster in Magdeburg einige Ländereien, worunter sich auch Güter in einem Dorf namens Gutingi befanden. Mit dieser Schenkung taucht der Name der Stadt Göttingen erstmals aus dem Dunkel der Geschichte auf. Eine Ersterwähnung darf allerdings nicht mit der Gründung eines Ortes verwechselt werden; sie besagt nicht mehr und nicht weniger, als daß die Siedlung zum Zeitpunkt ihrer Erwähnung bereits bestanden hat. Ein Gründungsdatum für das Dorf Gutingi gibt es nicht. Sicher ist aber aufgrund zahlreicher archäologischer Grabungen, daß im Gebiet der heutigen Stadt Göttingen schon weit in vorgeschichtlicher Zeit immer wieder Menschen siedelten. Der Ortsname Gutingi ist wahrscheinlich zu deuten als „Siedlung am Wasserlauf" (gote=Gosse=Wasserlauf), wobei mit dem Wasserlauf ein Vorläufer des heutigen Reinsgrabens gemeint ist. Das Zentrum des Dorfes bildete eine spätestens zu Beginn des 11. Jahrhunderts dem Hl. Albanus geweihte Kirche, so daß die Albanikirche das älteste Göttinger Gotteshaus ist – der heutige Kirchenbau stammt allerdings erst aus dem 14. und 15. Jahrhundert.

Während über das Schicksal des Dorfes Gutingi in den folgenden Jahrhunderten nichts bekannt ist, treten zwei weitere Orte in seinem näheren Umkreis deutlicher hervor. Der erste und wichtigere war die Pfalz und spätere Burg Grone auf dem südlichen Sporn des Hagenberges. Im Mittelalter war das Königtum ein Amt, das im Reisen ausgeübt wurde: die Herrscher hatten über das ganze Reich verstreut Stützpunkte – die Pfalzen – angelegt, die sie abwechselnd mit ihrem Hofstaat aufsuchten, um die in der jeweiligen Region anfallenden Regierungsgeschäfte zu erledigen. Einer jener Stützpunkte war die Pfalz Grone. Wo der Herrscher jeweils weilte, war der Regierungssitz des Deutschen Reiches, das sich damals von Dänemark bis tief nach Italien erstreckte. Die Pfalz Grone wurde von den Kaisern und Königen Otto I. (regierte 936-973), Otto II. (regierte – zunächst zusammen mit seinem Vater – 961-983), Otto III. (regierte 983-1002) und Heinrich II. (regierte 1002-1024) immerhin achtzehn Mal aufgesucht und stieg damit jeweils gewissermaßen zur deutschen Hauptstadt auf. Heinrich II. ist hier am 13. Juli 1024 auch verstorben. Es liegt auf der Hand, daß an einem solchen Ort eine aufwendige Infrastruktur vorgehalten werden mußte, in erster Linie feste Gebäude für den Herrscher und sein Gefolge, eine Kirche, Versammlungsräume und ein Wirtschaftshof für die materielle Versorgung. Später verlor der Ort seine Funktion als Pfalz, und im 14. Jahrhundert wurde die jetzige Burg Grone, die mittlerweile an das Adelsgeschlecht der Herren von Grone gefallen war, zunächst von den Bürgern Göttingens zerstört und ging schließlich ganz in den Besitz des Rates über (1371/72). Lediglich ein Stein und eine Tafel erinnern heute noch an die große Vergangenheit.

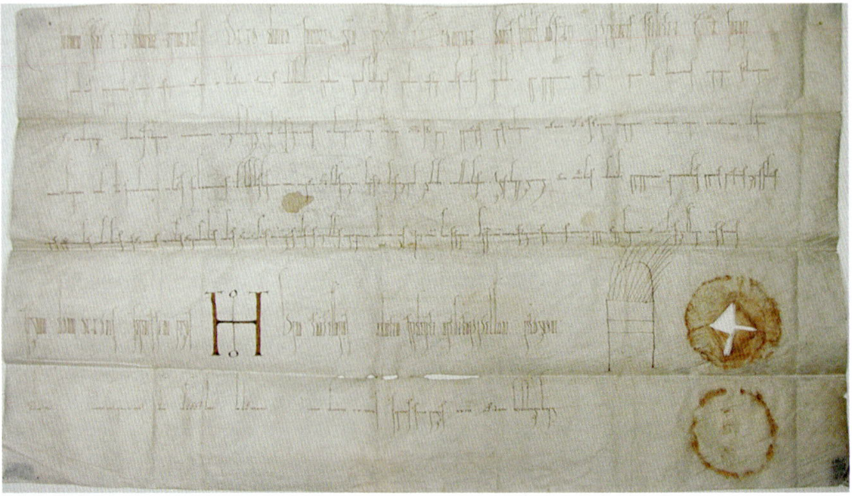

Urkunde Kaiser Otto I. aus dem Jahr 953 mit der ersten Erwähnung des Ortes Gutingi.

Der zweite wichtige Ort war das sogenannte Landgericht auf dem Leineberg, das unter der noch heute vorhandenen Gerichtslinde – sie steht an der Kasseler Landstraße am Eingang des Altenzentrums „Posthof" – tagte. Das Landgericht war ein landesherrliches, d.h. seit der Mitte des 13. Jahrhunderts von den Herzögen von Braunschweig-Lüneburg ausgeübtes Gericht, das bis ins 16. Jahrhundert überregionale Bedeutung hatte.

Wann und unter welchen Umständen die eigentliche Stadt Göttingen entstand, ist nicht exakt zu bestimmen; wahrscheinlich geht die Gründung auf eine Initiative Herzog Heinrich des Löwen zurück und erfolgte in der Zeit zwischen ca. 1150 und 1180/1200. Ihr Zentrum lag im Bereich von Johanniskirche und Marktplatz: das Dorf Gutingi gab der Stadt zwar seinen Namen, war aber nicht deren eigentliche Keimzelle. Der Bezirk des Dorfes ist vielmehr noch Jahrhunderte später als gesonderter Bereich – das sog. „Alte Dorf" um die Albanikirche und entlang der Langen-Geismar-Straße – erkennbar. Auch der Zeitpunkt der Verleihung des Stadtrechtes ist unklar. Sicher ist, daß um das Jahr 1200 bereits eine stadtähnliche Siedlung bestand, deren Bewohner als Bürger bezeichnet wurden. In der ältesten Urkunde des Göttinger Stadtarchivs (ca. 1229) werden zum ersten Mal Ratsherren (consules) erwähnt, was die Existenz einer regelrechten Stadtverfassung voraussetzt.

Deren Einzelheiten allerdings lassen sich in dieser frühen Zeit noch nicht erkennen. Nur soviel ist deutlich, daß es sich bei Göttingen nicht um eine Reichsstadt handelte, deren Stadtherr der Kaiser bzw. König war, sondern daß es als landesherrliche Stadt den Herzögen von Braunschweig-Lüneburg unterworfen war. Der Herzog sprach von „seinen" Bürgern und er hatte Beamte in der Stadt, die seine Rechte wahrnahmen. Göttingen war damit ein Teil des Heiligen Römischen Reiches Deutscher Nation, das im Laufe einer jahrhundertelangen Entwicklung ein kompliziertes, aber in sich relativ stabiles Verfassungssystem ausbildete, in dem sich die verschiedenen Kräfte nach dem Prinzip der „checks and balances" gegenseitig weitgehend ausglichen. Dem Kaiser als Reichsoberhaupt standen als Partner und Kontrahenten die Reichsstände gegenüber, zu denen der Herzog von Braunschweig-Lüneburg ebenso gehörte wie die Reichsstädte. Der Herzog seinerseits mußte sich in seinem Territorium mit den Landständen – darunter der Stadt Göttingen – auseinandersetzen und immer wieder Kompromisse schließen.

Residenz der landesherrlichen Statthalter und zugleich markantestes Zeichen der herzoglichen Stadtherrschaft war die Burg, „balrus" genannt, an die noch heute der Name der Burgstraße erinnert. Sie lag hinter dem heutigen Städtischen Museum und damit an der nordöstlichen Ecke der ältesten, vor 1250 errichteten Stadtbefestigung. Reste dieser Mauer sind heute noch in der Turmstraße erhalten, ihr weiterer Verlauf ist z.B. an der Einmündung der Mauerstraße in die Rote Straße zu erkennen, wo das ältere oder innere Albanitor stand. Interessant an dieser ältesten Stadtbefestigung ist weniger das, was sich darin befand – Markt, Rathaus, die beiden Hauptkirchen St. Johannis und St. Jacobi sowie St. Nicolai, dazu die wichtigsten Verkehrswege Weender, Groner und Rote Straße – als vielmehr das, was außerhalb lag: im Südosten der Bereich des Alten Dorfes, im Westen der Komplex der Neustadt mit der Kirche St. Marien.

Neustädte sind aus vielen mittelalterlichen deutschen Städten bekannt. Während des 13. und 14. Jahrhunderts entwickelten sich zahlreiche Städte wirtschaftlich und politisch so schnell, daß der jeweilige Stadtherr um seinen Einfluß zu fürchten begann. Um der drohenden Unabhängigkeit der Städte entgegenzuwirken, legten die Fürsten in deren unmittelbarer Nachbarschaft neue Siedlungen – die „Neustädte" – an, um von diesen Stützpunkten aus ihre Macht wieder zu festigen. Auch Göttingen entfaltete in den Jahrzehnten nach seiner Gründung eine solche Dynamik, daß Herzog Albrecht der Feiste von Braunschweig-Lüneburg noch vor dem Jahr 1300 westlich der Göttinger Stadtmauer eine „neue Stadt" anlegen ließ. Im südlichen Anschluß daran befand sich seit 1318 eine Niederlassung des Deutschen Ordens, die sog. „Kommende" mit der Marienkirche, die zugleich auch als Pfarrkirche für die Neustadt diente. Der Plan des Herzogs ging nicht auf, seine Gegengründung war der politischen und wirtschaftlichen Kraft der Göttinger Bürger nicht gewachsen. Bereits 1319 sah sich sein Sohn und Nachfolger Herzog Otto gezwungen, die Neustadt für 300 Mark lötigen (d.h. reinen) Silbers an Bürger und Rat zu verkaufen.

Die Vorgänge um die Neustadt lassen es bereits erkennen: der Aufschwung Göttingens hielt auch im 14. Jahrhundert unvermindert an, ja er beschleunigte sich noch. Diese Entwicklung läßt sich an vielen Anzeichen ablesen. Zunächst einmal war die mittelalterliche Stadtverfassung jetzt voll ausgebildet, sie wurde schriftlich fixiert und den sich ändernden Verhältnissen jeweils angepaßt. Im mittelalterlichen Göttingen lag die politische Macht beim Rat, der zugleich Gesetze erließ, Recht sprach und die Regierung ausübte. Zur Erledigung seiner Geschäfte stand dem Rat eine Kanzlei mit einem Stadtschreiber an der Spitze zur Seite, der auch das Ratsarchiv betreute, die Keimzelle des heutigen Stadtarchivs. Der Rat wurde jedes Jahr neu gewählt, wobei von einer demokratischen Wahl nach heutigem Verständnis nicht die Rede sein kann. Am Wahltag kurz nach Michaelis (29. Sept.) wählte vielmehr der

Marienkirche und Deutschordenskommende.

Rat des laufenden Jahres (der sog. Neue Rat) den des vergangenen Jahres (Alter Rat) zum künftigen Neuen Rat. Dessen Zusammensetzung stand also bereits im voraus fest, es handelte sich lediglich um ein Abwechseln in der aktiven Regierungsausübung. Die dienstältesten Ratsherren beider Räte lösten sich im Amt des Bürgermeisters ab, verschiedenen Ratsherren waren spezielle Ämter übertragen, wobei das wichtigste das der beiden Kämmerer war. Beim Ausscheiden eines Ratsherrn, etwa durch Tod, ergänzte sich der Rat durch Zuwahl.

Die politische Verfassung war aufs engste mit der gesellschaftlichen Ordnung der Stadt verzahnt. So war der Rat bei der Wahl neuer Mitglieder nicht frei oder richtete sich gar nach den persönlichen Leistungen des einzelnen Kandidaten, die Auswahl beschränkte sich vielmehr nahezu ausschließlich auf den Kreis der sogenannten ratsfähigen Geschlechter, einen engen Kreis von Familien, die traditionell Ratsherren stellten. Diese Familien wiederum waren weitgehend identisch mit den Mitgliedern der Kaufgilde, also dem Zusammenschluß der Großkaufleute und Fernhändler, die ihrerseits die Spitze der Gesellschaft bildeten. Diese Spitzenstellung kam nicht zuletzt dadurch zum Ausdruck, daß die Kaufgilde ihren Sitz zunächst im Rathaus hatte. Erst 1545 wurde schräg gegenüber an der Einmündung der Roten Straße in den Markt ein eigenes Gildehauses errichtet. Das Kaufgildehaus war im übrigen bis ins 18. Jahrhundert auch Ausgangspunkt des sog. Steuerumgangs, d. h. des Weges, den die städtischen Beamten jedes Jahr zur Erfassung der Steuerpflichtigen von Haus zu Haus zurücklegten. Der Kaufgilde folgten in sozial absteigender Linie die Gilden und Innungen der Schuhmacher, Bäcker, Wollenweber, Leineweber, Schneider und

Zwischen ca. 1330 und 1354 wurden wichtige Bestimmungen der Göttinger Stadtverfassung, die „Statuten", auf sog. Wachstafeln schriftlich festgehalten. Mit Wachs bestrichene Holztafeln waren seit der Antike für schriftliche Notizen in Gebrauch, sind jedoch nur selten erhalten. Die zwölf im Göttinger Stadtarchiv verwahrten Tafeln stellen daher eine große Besonderheit dar.

Schmiede; die Knochenhauer (Schlachter) nahmen eine Sonderstellung ein. Der Rest der handwerklich tätigen Bürgerschaft wurde zur „Meinheit" zusammengefaßt.

Die Bürgerschaft wiederum umfaßte bei weitem nicht alle Einwohner der Stadt. Das Bürgerrecht mußte in einem formalen Akt erworben werden und war mit speziellen Rechten, aber auch Pflichten (z. B. zur militärischen Verteidigung der Stadt) verbunden. Die Einwohner ohne Bürgerrecht, wie z. B. Familienmitglieder, Dienstboten oder wandernde Händler, wurden als Medewohner (Mitwohner) bezeichnet. Zwei Bevölkerungsgruppen hoben sich aufgrund ihrer speziellen Rechtsstellung besonders heraus: die Geistlichen und die Juden.

Die Geistlichen und die zahlreichen kirchlichen Institutionen, die über das Gebiet der Stadt verstreut waren, unterstanden den geistlichen Gerichten und bildeten auf diese Weise gewissermaßen Fremdkörper innerhalb der Stadt. Das hatte nicht zuletzt auch finanzielle Folgen, denn die Geistlichen waren von der wichtigsten städtischen Steuer, dem sog. „Schoß", befreit. An erster Stelle standen die fünf Pfarrkirchen mit ihren zahlreichen Altären, die z. T. an der Stelle und unter Verwendung von Teilen älterer Vorgängerbauten errichtet wurden: St. Johannis (erbaut ca. 1300-1350), St. Jacobi (erbaut 1361-1459), St. Nicolai (erbaut erste Hälfte des 14. Jahrhunderts), St. Albani (erbaut 14./15. Jahrhundert), St. Marien (erbaut ca. 1290-1350). Daneben sind die Klöster der Franziskaner und der Dominikaner zu nennen. Beides waren Bettelorden, die abhängig waren von der Mildtätigkeit der Einwohner und in theologischer und materieller Hinsicht miteinander konkurrierten, und sie gründeten daher ihre Klöster an entgegengesetzten Orten der Stadt. Zuerst – wahrscheinlich 1268 – ließen sich die Franziskaner auf der östlichen Seite der Stadt direkt an der Mauer nieder. Weil die Mönche als Ausdruck der Armut, Demut und Buße keine Schuhe trugen, wurde ihr Orden im Volksmund „Barfüßer" genannt, und daher erhielt die zu ihrem Kloster führende Straße den Namen „Barfüßerstraße". Die Kirche dieses Klosters wurde 1821 abgerissen, als der sog. Neue Markt (heute Wilhelmsplatz) geschaffen wurde. 1294 erhielten die Dominikaner von Herzog Albrecht das Privileg zur Niederlassung ganz im Westen, ebenfalls in Mauernähe. Ihre Kirche, die den Hl. Petrus und Paulus geweiht war, gab der Paulinerstraße den Namen und ist heute ein Teil der alten Universitätsbibliothek. Erst 1508, und damit schon am Vorabend der Reformation, entstand als dritter Ordenskonvent das Franziskanerinnenkloster St. Annen in unmittelbarer Nachbarschaft zu den Barfüßern an der Burgstraße. Außerdem gab es noch die St. Georgs-Kapelle (außerhalb der Mauern) und die Fronleichnamskapelle (am oberen Ende der Roten Straße) sowie die Niederlassungen auswärtiger Klöster. Allein das Kloster Walkenried besaß mehrere solcher Höfe, darunter einen mit einer Kapelle in der Nähe des Paulinerklosters.

Von großer Wichtigkeit für das geistliche und soziale Leben der Stadt waren die Hospitäler, die nicht nur zur Aufnahme von Kranken, sondern auch zur Betreuung der Armen und der durchreisenden Pilger dienten. Das auf eine private Stiftung eines Göttinger Bürgers zurückgehende Hospital St. Spiritus (Hl. Geist-Spital) bei der Neustadt wurde 1293 gegründet. Die Geiststraße erinnert noch heute daran. 1381 entstand ebenfalls durch eine private Stiftung das Hospital St. Crucis (Hl. Kreuz-Spital), das zunächst in der Paulinerstraße, dann an der Ecke Kurze Geismar/Hospi-

Paulinerkirche und alte Universitätsbibliothek. Rechts oben Goetheallee mit Grätzelhaus.

talstraße untergebracht war. Vor dem Weender Tor, etwa beim heutigen Friedhof gleichen Namens an der Weender Landstraße, lag das der Aufnahme der Leprakranken oder Aussätzigen dienende Leprosenheim St. Bartholomaei, das vor 1325 errichtet wurde. Alle Hospitäler befanden sich außerhalb des alten Mauerrings und unterstanden der Verwaltung des Rates, der diese Aufgabe durch die „Hospitalvormünder" wahrnahm.

Ähnlich wie die Geistlichen waren auch die in Göttingen lebenden Juden anfänglich der Gerichtsbarkeit des Rates entzogen und unterstanden der direkten Aufsicht des Landesherrn. 1369/70 trat Herzog Otto der Quade, d.h. der Böse, allerdings dieses Recht an den Rat ab – auch dies ein Hinweis auf die wachsende Macht der Stadt. Nach der Niederlassung der ersten Juden in Göttingen im Jahr 1289 hat die jüdische Gemeinde während des Mittelalters nicht kontinuierlich bestanden, es kam immer wieder zu blutigen Pogromen und Vertreibungen. Für einhundert Jahre, von 1460 bis 1559, lebten in Göttingen überhaupt keine Juden. Über die Größe der Gemeinde lassen sich nur ungefähre Angaben machen; die Zahl von 100 Personen wird sie aber nicht wesentlich überschritten haben. Die heutige Jüdenstraße scheint nur in den ersten Jahrzehnten der Stadtentwicklung während des 13. Jahrhunderts das Zentrum des jüdischen Wohngebietes gewesen zu sein, im Spätmittelalter siedelten die Juden vor allem in der Speckstraße, wo sich auch ihre Synagoge befand, und der „Kurzen Jüdenstraße", dem zwischen Weender und Jüdenstraße gelegenen Abschnitt der heutigen Theaterstraße. Nach der Wiederansiedlung von Juden um die

Mitte des 16. Jahrhunderts blieb die Gemeinde viele Jahrzehnte ohne Gotteshaus. Erst zwischen 1710 und 1720 konnte in einem Hinterhaus an der Prinzenstraße eine neue Synagoge errichtet werden.

Grundlage und Voraussetzung des allgemeinen Aufschwungs Göttingens im Spätmittelalter war die wachsende wirtschaftliche Bedeutung der Stadt, die vor allem darauf beruhte, daß die verkehrsgünstige Lage im Leinetal an einem alten und wichtigen Nord-Süd-Handelsweg den bedeutendsten heimischen Wirtschaftszweig, die Textilproduktion, begünstigte. Dabei waren die Wollen- und Leineweber die eigentlichen Produzenten, der regionale und überregionale Absatz lag in den Händen der in der Kaufgilde zusammengeschlossenen Großkaufleute und Fernhändler, die ihre Ware bis nach Brügge, Antwerpen, Lübeck und Reval, ja sogar nach Nowgorod in Rußland verkauften. Aufgrund dieser weitgespannten wirtschaftlichen Beziehungen spielte die Stadt eine wichtige Rolle im Sächsischen Städtebund und wurde seit 1351 zu den Versammlungen der Hanse geladen, dem bedeutendsten städtischen Wirtschaftsverbund Mittel- und Nordeuropas. Mitglied wurde sie allerdings erst recht spät – 1426/1429 – , und das Verhältnis blieb immer distanziert: Binnenstädte wie Göttingen nutzten zwar gern das funktionierende Wirtschaftsnetz der Hanse, in die Politik des Gesamtverbandes wollte man sich aber nicht verwickeln lassen. Bereits 1572 trat Göttingen wieder aus der Hanse aus. Diese eher lockere Mitgliedschaft Göttingens in der Hanse steht im Widerspruch zu der romantischen Verherrlichung späterer Jahrhunderte, wie sie sich z. B. in der Ausmalung des Rathauses aus den Jahren 1883-1903 spiegelt. Von den überregionalen Beziehungen weitgehend unberührt war die Rolle Göttingens als wirtschaftliches Zentrum für seine Einwohner und die Menschen der unmittelbaren Umgebung. Diesen Kundenkreis bedienten die Handwerker und Gewerbetreibenden, Ort des Handels und der Geschäfte war der an drei Tagen stattfindende Wochenmarkt.

Mit dem wirtschaftlichen Wohlstand wuchs auch die politische und militärische Macht. Indem die Bürger und der Rat die ständige Finanznot der Herzöge ausnutzten und ihnen einzelne Hoheitsrechte und Befugnisse abkauften bzw. pfandweise an sich brachten, konnte der Einfluß des Landesherrn auf die inneren Geschicke der Stadt zurückgedrängt werden. Als wichtigstes Beispiel hierfür ist die mehrfache Verpfändung des Schultheißenamtes, von dem die herzoglichen Gerichtsrechte in der Stadt wahrgenommen wurden, zu nennen. Ihren Höhepunkt erreichte diese Entwicklung als es gelang, den Herzog mit Waffengewalt aus der Stadt zu vertreiben. Aus vergleichsweise nichtigem Anlaß brach im Jahre 1387 zwischen Otto dem Quaden und der Stadt eine Fehde aus, in deren Verlauf die Bürger nicht nur die herzogliche Stadtburg zerstörten, sondern auch in offener Feldschlacht einen Sieg errangen: am 22. Juli 1387 schlug das städtische Aufgebot unter dem Stadthauptmann Ernst von Uslar zwischen Rosdorf und Grone die fürstliche Streitmacht. Die Ortsbezeichnung „Streitäcker“ erinnert noch heute an diese Schlacht.

Der durch diesen militärischen Erfolg errungene Zuwachs an politischer Macht war beträchtlich. Göttingen konnte jetzt für lange Zeit die Herrschaft des Landesherrn weitgehend abschütteln, so daß der Herzog, obwohl formal weiterhin Stadtherr, faktisch keinen Einfluß mehr auf die unabhängige Stadt nehmen konnte. Dies

Die Ausgestaltung des Rathauses zwischen 1883 und 1903 erfolgte durch den Hannoveraner Künstler Hermann Schaper. Durch den Wappenfries der Hansestädte wird nicht nur an die ruhmreiche Vergangenheit erinnert, es finden sich auch humoristische Szenen. An der Nordwand der Rathaushalle ist dargestellt, wie der städtische Kämmerer einen Bürger mit den Worten zur Steuerzahlung mahnt: „Kinder, bringt euren Zins, schnell, schnell!“

gelang nicht zuletzt deshalb, weil Bürgermeister und Rat in einer Art Schaukelpolitik Kaiser und Reich gegen den Herzog auszuspielen vermochten. Je mehr man sich dem Status einer Reichsstadt annäherte, um so besser konnten die Ansprüche der Herzöge auf ihre landesherrlichen Rechte abgewehrt werden. Andererseits ist Göttingen nie eine echte Reichsstadt geworden, und man hat diesen Status, der ja mit neuen Lasten und Pflichten gegenüber dem Kaiser verbunden war, wohl auch nicht ernsthaft und über längere Zeit hin angestrebt. Dafür waren Bürger und Rat aber um so erfolgreicher bemüht, ihren Herrschaftsbereich über die engeren Stadtgrenzen hinaus auszudehnen. In einem jahrzehntelangen Prozeß gelang es seit dem ausgehenden 13. Jahrhundert, den Einfluß der benachbarten Adelsfamilien zu beschneiden, ihre Burgen zu brechen und Rechte und Grundbesitz an sich zu bringen. Darüber hinaus wurden nacheinander und schrittweise die Dörfer Herberhausen, Roringen, Holtensen, Grone, Ellershausen und Rosdorf sowie der Göttinger Wald erworben, so daß bis etwa zum Jahre 1400 ein einigermaßen geschlossenes Göttinger Herrschaftsgebiet aufgebaut werden konnte. Zur Kontrolle von Handel und Verkehr und zum Schutz vor feindlichen Überfällen wurden Landwehren – Gräben und mit dichten Hecken bepflanzte Wälle – angelegt und Wachtürme, die „Warten“, errichtet.

Blick auf das Rathaus mit Markt und Gänselieselbrunnen, im Hintergrund die Johanniskirche.

Sichtbaren Ausdruck fand die wachsende Macht der Stadt und das steigende Selbstbewußtsein ihrer Bewohner in zwei großangelegten Bauvorhaben. Seit 1362 wurde eine wesentlich stärkere und größere Stadtbefestigung angelegt, die jetzt auch das Alte Dorf, die Neustadt und das Gebiet der Masch mit einschloß. Im Zuge dieser Baumaßnahmen, die erst ca. 200 Jahre später abgeschlossen werden konnten, wurden die vier Stadttore (Weender, Groner, Geismar und Albani-Tor) jeweils ein Stück weit nach außen verlegt, so daß das Stadtgebiet jetzt ein Areal von etwa 75 ha umfaßte. Erst am Ende des 19. Jahrhunderts überschritt die Stadt diese Begrenzung, die noch heute durch den Verlauf des Walles markiert wird. Für die Verteidigung der Stadtbefestigung waren die Gilden und Innungen verantwortlich, denen jeweils ein bestimmter Mauerabschnitt zur baulichen Unterhaltung und militärischen Sicherung zugeteilt war.

Der Ausbau und die Vergrößerung des Rathauses bildeten die zweite große Baumaßnahme. Ausgehend von dem um 1270 entstandenen bescheidenen Vorgängerbau errichtete man ab 1369 in mehreren Schritten das heutige Gebäude, ohne daß der ursprüngliche Bauplan vollständig durchgeführt werden konnte. Zu den ältesten Teilen dieses Baues zählt die alte Ratsstube, der einzige beheizbare Raum (daher die Bezeichnung Dorntze = beheizbarer Raum), in dem jahrhundertelang das städtische Archiv untergebracht war. Die heutige Gestalt des Rathauses und vor allem seine innere Ausstattung sind entscheidend durch die Umbau- und Restaurierungsmaßnahmen des ausgehenden 19. Jahrhunderts geprägt.

Reformation und Dreißigjähriger Krieg

Trotz aller Demonstrationen von Macht und Selbstbewußtsein vermehrten sich am Ende des 15. Jahrhundert die Anzeichen dafür, daß das innere gesellschaftliche, wirtschaftliche und politische Gefüge Göttingens in eine Krise geriet. Insbesondere die technisch und qualitativ überlegene Textilproduktion in England und Flandern ließ den Absatz der Göttinger Erzeugnisse zurückgehen. Obwohl der Rat bemüht war, den Rückstand aufzuholen und deshalb z. B. hochqualifizierte Textilarbeiter aus Flandern und Westfalen – die sog. Neuen Wollenweber – anwerben ließ, war es unübersehbar, daß Göttingen wirtschaftlich zunehmend den Anschluß verlor. Da damals wie heute galt: wenn die Wirtschaft lahmt, wird auch das öffentliche Geld knapp, erhöhte sich vor allem die Verschuldung des städtischen Haushalts. Unter dem Druck dieser sich immer mehr verschärfenden Finanzkrise brach die Herrschaft der ratsfähigen Familien, die Jahrhunderte lang nahezu unangefochten die Geschicke der Stadt bestimmt hatten, innerhalb weniger Jahrzehnte zusammen. Es waren vor allem die Gilden und Innungen der Handwerker, die die wirtschaftlichen Schwierigkeiten nutzten, um jetzt auch politische Mitsprache zu fordern. Als der Rat keinen anderen Ausweg mehr sah, als neue Steuern zu erlassen, um den öffentlichen Haushalt zu sanieren, kam es zum offenen Konflikt, der in einen regelrechten Aufstand gipfelte. Am 6. März 1514 stürmten die Gilden das Rathaus, setzten den Rat kurzerhand gefangen und jagten ihn anschließend aus der Verantwortung. Zwar konnte der Rat nach kurzer Zeit mit Hilfe des Landesherrn Herzog Erich I. zunächst seine alte Stellung wieder zurückgewinnen und festigen, der Konflikt schwelte jedoch fort und brach in den folgenden Jahren immer wieder aus.

Im Zusammenhang mit diesen heftigen Auseinandersetzungen steht auch die Einführung der Reformation in Göttingen. Die von Martin Luther ausgelöste Glaubensbewegung hat in der deutschen Geschichte tiefe Spuren hinterlassen, war sie doch mit nahezu allen Bereichen des politischen, religiösen, sozialen und kulturellen Lebens verwoben. Während sich in vielen Städten der neue Glaube sehr früh und energisch Bahn brach, blieb Göttingen offenbar zunächst von der neuen Bewegung weitgehend unberührt. Ein Grund dafür war sicherlich, daß der Rat und die tonangebenden Familien den Rückhalt, den sie im Konflikt mit den Gilden beim weiterhin katholischen Herzog gefunden hatten, nicht durch Sympathien für den neuen Glauben aufs Spiel setzen wollten. Erst 1529, also 12 Jahre nach Luthers Thesenanschlag, kam es anläßlich einer Prozession am Bartholomäustag (24. August) zu öffentlichen Demonstrationen im reformatorischen Sinne, wobei es nicht überrascht, daß die Aktivisten aus den Reihen der Gilden und Innungen, insbesondere der der Neuen Wollenweber, kamen. Jetzt brach der Widerstand der altgläubigen Stadtregierung erstaunlich schnell zusammen: bereits nach einem Vierteljahr hatte sich der neue Glaube in Göttingen durchgesetzt, ohne daß es einen eigentlichen Reformator, d.h. eine geistliche Führungsfigur, gegeben hätte. Am 24. Oktober 1529 konnte Pfarrer Friedrich Hüventhal in der Kirche des Paulinerklosters gegen den Willen der Mönche den ersten regulären evangelischen Gottesdienst abhalten, und am 10. April 1530, dem Palmsonntag, wurde die neue Kirchenordnung feierlich von den Kanzeln verkündet.

Diese Ereignisse schwächten wiederum die Stellung des Rates auch in seinem politischen Konflikt mit den Gilden und Innungen, so daß schließlich in der Mitte des 16. Jahrhunderts die alten Geschlechter völlig entmachtet werden konnten. Es kam zu einer tiefgreifenden Umgestaltung der Stadtverfassung. In den folgenden Jahrzehnten wählten die Gilden und Innungen zunächst ihre Obermeister, diese schlugen dann dem regierenden Rat 13 Personen zur Wahl vor. Das Wahlrecht lag damit praktisch in der Hand der Gilden und Innungen, ihre Mitglieder stellten in Zukunft den Großteil der Ratsherren („Gildemeister-Rat"). Gilden und Innungen waren aus gewerblichen Selbstverwaltungsorganen zu den entscheidenden politischen Organisationen der Bürgerschaft geworden.

So wie die Reformation eng mit den politischen und verfassungsrechtlichen Auseinandersetzungen verknüpft war, so wirkte sie ihrerseits auch weit über den engeren Bereich von Glaube und Kirche hinaus. Ein Beispiel dafür ist die Entwicklung des Göttinger Schul- und Bildungswesens. Eine Stadtschule bestand in Göttingen wahrscheinlich bereits im ausgehenden 13. Jahrhundert, nachweisbar ist sie erstmals im Jahre 1308. Es handelte sich um eine sogenannte Lateinschule, die durch die Vermittlung von Lesen, Schreiben und Grundkenntnissen der lateinischen Sprache auf den Besuch einer Universität vorbereitete. Das Schulhaus befand sich seit 1494 neben dem Pfarrhaus der Johanniskirche; 1774 wurde das Gebäude abgerissen. Von der Reformation war das Schul- und Bildungswesen in mehrfacher Hinsicht betroffen. Die religiöse Forderung Luthers nach der alleinigen Gültigkeit der Heiligen Schrift („sola scriptura") setzte prinzipiell die Lesefähigkeit jedes einzelnen Christen voraus. Die Folge war, modern gesprochen, eine breit angelegte Bildungsoffensive, in deren Verlauf auch in Göttingen die sogenannten Küster- oder Deutschen Schulen, die Vorläufer der späteren Volksschulen, entstanden. In diesem Zusammenhang ist wohl auch 1593 im ehemaligen Franziskanerkloster erstmals in Göttingen eine Mädchenschule eingerichtet worden. Außerdem waren durch die Auflösung der katholischen Klöster große Vermögenswerte (Grundbesitz, Gebäude und Einkünfte) in die Hände der Landesfürsten gefallen, die zum Aufbau und zum Unterhalt von Bil-

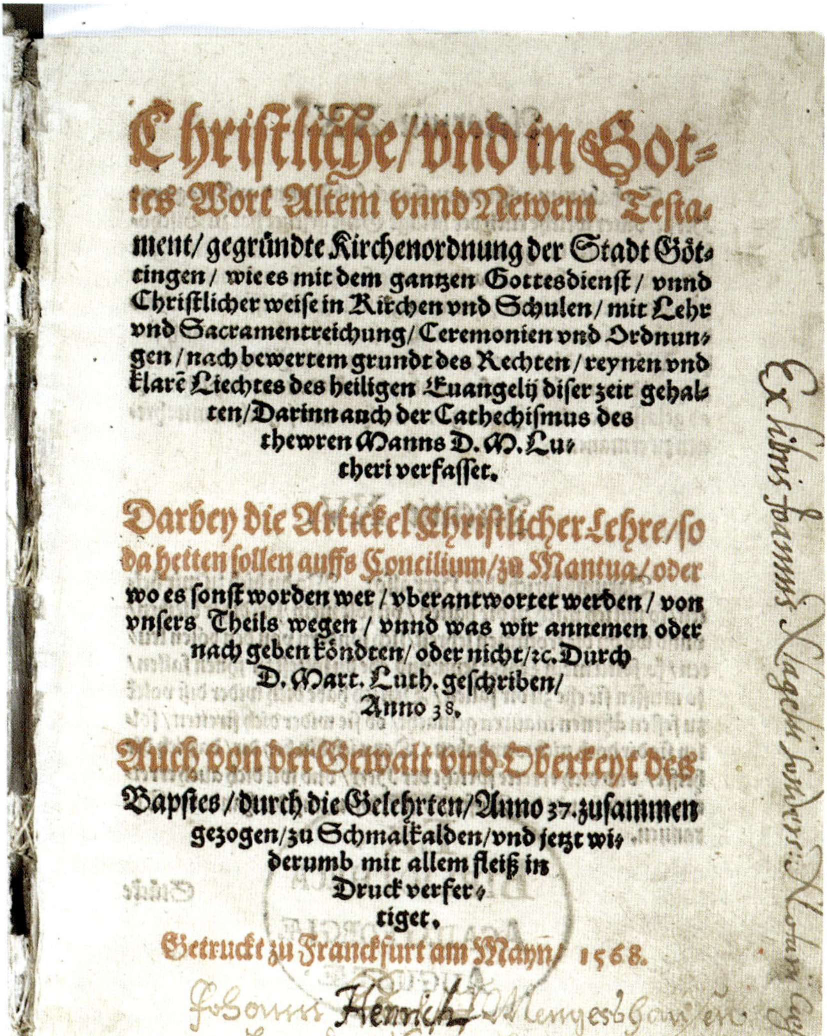

Christliche/ vnd in Gottes Wort Altem vnnd Newem Testament/ gegründte Kirchenordnung der Stadt Göttingen/ wie es mit dem gantzen Gottesdienst/ vnnd Christlicher weise in Kirchen vnd Schulen/ mit Lehr vnd Sacramentreichung/ Ceremonien vnd Ordnungen/ nach bewertem grundt des Rechten/ reynen vnd klarē Liechtes des heiligen Euangelij diser zeit gehalten/ Darinn auch der Cathechismus des thewren Manns D. M. Lutheri verfasset.

Darbey die Artickel Christlicher Lehre/ so da hetten sollen auffs Concilium/ zu Mantua/ oder wo es sonst worden wer/ vberantwortet werden/ von vnsers Theils wegen/ vnnd was wir annemen oder nach geben köndten/ oder nicht/ etc. Durch D. Mart. Luth. geschriben/ Anno 38.

Auch von der Gewalt vnd Oberkeyt des Bapstes/ durch die Gelehrten/ Anno 37. zusammen gezogen/ zu Schmalkalden/ vnd jetzt widerumb mit allem fleiß in Druck verfertiget.

Getruckt zu Franckfurt am Mayn/ 1568.

1692

Titelblatt eines Drucks der lutherischen Kirchenordnung von Göttingen aus dem Jahr 1568.

dungseinrichtungen verwendet werden konnten. So wurde auch in Göttingen nach einem gescheiterten ersten Versuch (1542/43) im Jahre 1586 im Paulinerkloster, das wie das Barfüßerkloster 1533 nach Einführung der Reformation von den Mönchen verlassen worden war, ein Pädagogium gegründet. Ein derartiges Pädagogium nahm eine Zwischenstellung zwischen Lateinschule und Universität ein, und die Göttinger

Institution sollte vor allem auf den Besuch der zehn Jahre zuvor errichteten Universität Helmstedt vorbereiten. Die alte Lateinschule ging in der neuen Lehranstalt auf.

Die Vorherrschaft der Gilden in Bürgerschaft und Rat hatte für etwa hundert Jahre Bestand; sie wurde abgelöst durch die nahezu unbeschränkte Herrschaft des Landesherrn. Ausschlaggebend für diesen Verlust städtischer Unabhängigkeit war, daß der bereits am Vorabend der Reformation erkennbare wirtschaftliche Niedergang nicht wirksam aufgehalten wurde. Im Gegenzug baute der fürstliche Landesherr seine Macht wieder aus und versuchte erfolgreich, die Unabhängigkeit der Stadt einzuschränken. Ein erster großer Schritt auf diesem Weg war 1497 die Wiedereinlösung des Stadtschulzenamtes durch Herzog Erich I., ein zweiter 1582 der Verlust der vier „Leinedörfer" Rosdorf, Grone, Holtensen und Ellershausen, die der Rat an Herzog Erich II. abtreten mußte, wodurch die Stadt einen großen Teil ihres Herrschaftsgebietes verlor. Der weiterschwelende Konflikt zwischen dem Gildemeister-Rat und den alten ratsfähigen Geschlechtern tat ein übriges und bot dem Herzog immer wieder eine willkommene Gelegenheit für Eingriffe in die Stadtverfassung. Das definitive Ende der alten städtischen Autonomie und die Durchsetzung der absoluten Herrschaft des Landesherrn Herzog Ernst August wurde dann mit dem sogenannten Stadtrezeß vom 13. Januar 1690 erreicht. Dadurch wurde der Rat faktisch zu einem fürstlichen Verwaltungsorgan umgestaltet. Er amtierte fortan kontinuierlich, d. h. eine jährliche Wahl bzw. ein Wechsel zwischen „altem" und „neuem" Rat fand nicht mehr statt, und seine Mitglieder wurden fortan vom Landesherrn ernannt. Die jahrhundertealte Tradition der Ratswahl war zu Ende. Die Gilden allerdings hielten an der Wahl ihrer Obermeister fest, und es gelang ihnen, dieses Recht in den folgenden Jahrhunderten zu bewahren und mit kurzen Unterbrechungen bis auf den heutigen Tag auszuüben.

Etwa zeitgleich mit dem Stadtrezeß von 1690 wurde auch die „außenpolitische" Stellung der Stadt, also ihre Position im Gefüge des Heiligen Römischen Reiches Deutscher Nation, festgeschrieben. Dabei ist zu berücksichtigen, daß sich innerhalb des Herzogtums Braunschweig-Lüneburg zahlreiche Teilfürstentümer gebildet hatten, die von verschiedenen Linien des welfischen Hauses regiert wurden. Die einzelnen Herrscher führten jeweils den Titel eines Herzogs von Braunschweig-Lüneburg. Seit dem Ende des 13. Jahrhunderts war Göttingen die Hauptstadt des Teilfürstentums Göttingen gewesen, bis diese Linie 1463 mit Herzog Otto Cocles (der Einäugige), dem Sohn Ottos d. Quaden, ausstarb, und Göttingen mit dem Fürstentum Calenberg vereinigt wurde. Im Jahre 1584 fiel Calenberg-Göttingen seinerseits an das Fürstentum Wolfenbüttel, bis genau fünfzig Jahre später mit dem Tode des letzten Wolfenbüttler Herzogs Friedrich Ulrich 1634 auch diese Linie des welfischen Hauses zu Ende ging. Göttingen wurde jetzt Teil des neugebildeten Fürstentums Calenberg, das unter Herzog Ernst August 1692 von Kaiser Leopold I. zum Kurfürstentum Hannover erhoben wurde. Seit 1714 war der Kurfürst von Hannover in Personalunion zugleich auch König von England.

Die größte Katastrophe für die Menschen des 17. Jahrhunderts war der sich über drei Jahrzehnte hinziehende große Krieg zwischen 1618 und 1648. Nachdem die ersten Jahre der militärischen Auseinandersetzungen für Göttingen noch vergleichsweise ruhig verlaufen waren, stiegen Belastungen und Bedrohungen seit 1625 dras-

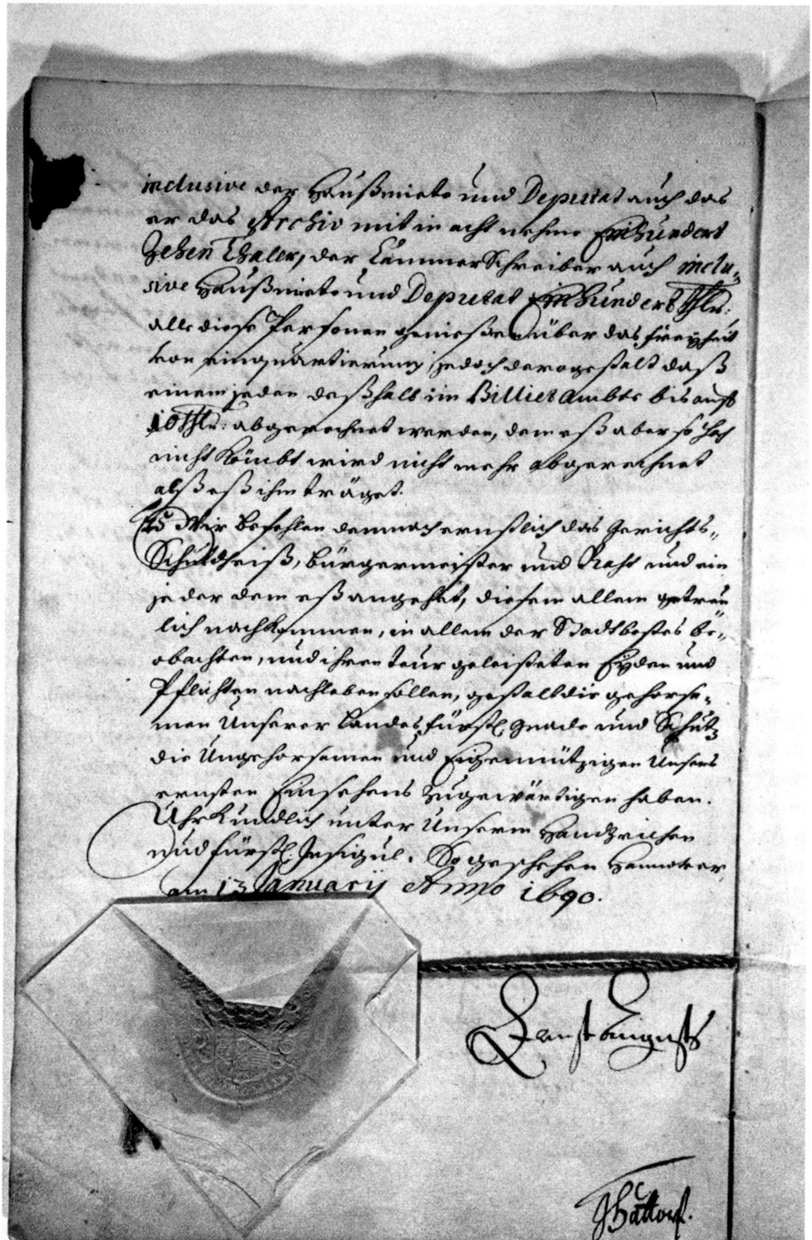
inclusive der Hauszmiete und Deputat auch der
an das Archiv mit in acht nehme fünfhundert
zehen Thaler, der Cämmereischreiber auch inclu-
sive Hauszmiete und Deputat ein hundert Thlr.
Alle diese Personen [illegible] über das [illegible]
[illegible], jedoch dergestalt daß
einem jeden deßhalb ein Billiet umb bis auff
10 Thlr. abgenommen werden, davon es aber so hoch
nicht kömbt, wird nicht mehr abgenommen
als sich dieses beträget.
15 Wir befehlen demnach hiemit dem Gerichts-
Schultheiß, Bürgermeister und Raht und ein
jeder dem es angehet, diesem allem getreu-
lich nachkommen, in allem der Stadtbestes be-
obachten, und ihren dazu geleisteten Eyden und
Pflichten nachleben sollen, gestalt sie gehorsa-
men Unserer landesfürstl. Gnade und Schutz
die Ungehorsamen und [illegible] Unsere
ernsten Straffe sich zu gewärtigen haben.
Uhrkundlich unter Unserm Handzeichen
und fürstl. Insiegel. Gegeben Hannover
den 13. Januarij Anno 1690.

Ernst August

J. Hattorf.

Stadtrezeß vom 13. Januar 1690 mit eigenhändiger Unterschrift des Herzogs Ernst August, des späteren ersten Kurfürsten von Hannover.

Trotz dieser unverkennbaren Wiederbelebung der städtischen Wirtschaft wird der entscheidende Wendepunkt für das weitere Schicksal der Stadt von einem anderen Ereignis markiert. Man kann wohl ohne Übertreibung sagen, daß kein Ereignis die Entwicklung Göttingens in neuerer Zeit so tiefgreifend beeinflußt hat wie die Gründung der Universität, die im Jahre 1737 feierlich eröffnet wurde. Seit diesem Zeitpunkt ist die Geschichte der Stadt nur im Zusammenhang mit der Entwicklung der Universität zu verstehen, ohne diese wäre jene, so wie sie heute ist, nicht denkbar. Vielerlei Gründe mußten zusammenkommen, damit ausgerechnet in der kleinen Stadt an der Leine eine Universität eingerichtet wurde. So war es aus politischen Gründen wünschenswert, daß der Kurfürst von Hannover und König von England eine vollwertige Landesuniversität besaß. Als Standort kamen nicht viele Städte in Betracht, Göttingen bot sich unter anderem deshalb an, weil hier mit dem Pädagogium bereits eine renommierte höhere Bildungseinrichtung existierte, die Lebenshaltungskosten zudem vergleichsweise niedrig waren und die geographische Lage den Zuzug auch auswärtiger Studenten erleichterte. Außerdem war in der Stadt wegen ihres vorangegangenen wirtschaftlichen Verfalls ausreichend Platz zur Unterbringung der neuen Institution vorhanden, und diese konnte gleichzeitig als wirtschaftliches Aufbauprogramm für die darniederliegende Stadt und Region dienen.

Gerlach Adolph Freiherr von Münchhausen (1688-1770), Hannoverscher Staatsminister, eigentlicher Schöpfer und langjähriger Kurator der Georgia Augusta.

Der schnelle und durchschlagende Erfolg der Georgia Augusta – benannt nach dem damaligen Landesherrn König Georg II. August von England und Kurfürst von Hannover – beruhte auf dem weitblickend angelegten Konzept, das der eigentliche Gründer und spiritus rector der Universität, der hannoversche Staatsminister Gerlach Adolph Freiherr von Münchhausen, verfolgte. Die Universität Göttingen war, um ein bekanntes Wort abzuwandeln, eine Hochschule neuen Typs: Nach dem Vorbild der wenige Jahrzehnte älteren Universität Halle sollte sie den Zielen der Aufklärung dienen. Dementsprechend verlor die theologische Fakultät ihre dominierende Rolle, die akademische Lehre erhielt einen hohen Stellenwert – die gezielt geförderte

Bibliothek z.B. stand auch den Studenten offen – und gleichzeitig wurde die wissenschaftliche Forschung durch Befreiung von der theologischen Zensur gefördert. Für junge und zukunftsträchtige wissenschaftliche Disziplinen wurden Lehrstühle geschaffen, auf die planmäßig herausragende Vertreter ihres Faches berufen wurden.

Ganz wesentlichen Anteil am Aufstieg Göttingens zu einem wissenschaftlichen Zentrum europäischen Ranges hatte die 1751 gegründete Göttinger Akademie der Wissenschaften, genauer: die „Königliche Gesellschaft der Wissenschaften zu Göttingen". Während anderswo Universitäten als Lehreinrichtungen einerseits und Akademien als Forschungsinstitute andererseits streng getrennt blieben, waren in Göttingen beide Einrichtungen von Beginn an personell eng miteinander verknüpft. Akademische Forschung und universitäre Lehre konnten sich so direkt und unmittelbar gegenseitig befruchten. Die beiden Publikationsorgane der Akademie, die „Nachrichten von der Königlichen Gesellschaft der Wissenschaften zu Göttingen" und vor allem die „Göttingischen Gelehrten Anzeigen", trugen den Ruf Göttingens als Ort der Wissenschaft durch ganz Europa und nach Übersee. Es ist daher kein Zufall, daß Benjamin Franklin, der Erfinder des Blitzableiters und Vorkämpfer für die Unabhängigkeit der USA, bereits 1766 nach Göttingen kam, um an einer feierlichen Akademiesitzung teilzunehmen.

Aus der großen Zahl der z. T. weltberühmten Gelehrten, die damals und in den folgenden Jahrzehnten in Göttingen wirkten, seien nur einige genannt: der Arzt, Naturforscher und Dichter Albrecht von Haller (1736-1756 in Göttingen), der Theologe und Orientalist Johann David Michaelis (1746-1791 in Göttingen), der Altertumswissenschaftler und Leiter der Universitätsbibliothek Christian Gottlob Heyne (1763-1812 in Göttingen), der Physiker, Philosoph und Schriftsteller Georg Christoph Lichtenberg (1770-1799 in Göttingen) und der Publizist und Historiker August Ludwig von Schlözer (1769-1809 in Göttingen). Von Schlözer stammt der Wahlspruch: „Extra Gottingam non est vita, si est vita non est ita!" (Außerhalb Göttingens kann man nicht leben, wenn aber doch, dann nicht so gut!).

Auf Betreiben des Freiherrn von Münchhausen war man von Anfang an bemüht, auch das kulturelle Angebot für Professoren und Studenten attraktiv zu gestalten. Ein markantes Zeichen dafür war der Universitätsreitstall, der als eines der ersten Universitätsgebäude zwischen 1734 und 1736 in schlichten Barockformen errichtet wurde und die Möglichkeit zu standesgemäßer Freizeitgestaltung bot. 1968 mußte er gegen den heftigen Protest weiter Teile der Bevölkerung einem ganz anders gearteten Kaufhausneubau weichen. Ebenfalls der Verbesserung des „Freizeitwertes" der Stadt diente die seit dem Ende des Siebenjährigen Krieges 1763 erfolgte Umgestaltung der Befestigungen zur Promenadenanlage des Walls.

Überhaupt setzte sofort nach Gründung der Hochschule eine intensive Bautätigkeit ein, die das Gesicht Göttingens schnell und durchaus zu seinem Vorteil veränderte: als erstes wurde 1734-1737 das frühere Pädagogium im Paulinerkloster für die Vorlesungen der Professoren zum Kollegiengebäude umgebaut, dessen Grundformen noch heute im alten Bibliothekskomplex zu erkennen sind. Es folgten u. a. 1737 die Londonschänke (heute Michaelishaus), 1739 die Universitätsapotheke am Markt, der um 1740 eingerichtete Botanische Garten und 1785-1790 an der Stelle des früheren Hospitals St. Crucis das sog. Accouchierhaus, in dem die 1751 gegrün-

Studentischer „Comitat" vor dem Universitätsreitstall im Jahr 1765. Beim Comitat wurde ein Student, der die Universität verließ, von seinen Kommilitonen zu Pferd bis ins nächste Dorf geleitet.

dete erste Frauenklinik Deutschlands untergebracht wurde. Gleichzeitig wurden die Straßen ausgebaut und verbessert und insbesondere seit 1737 die Allee (heute Goetheallee) neu angelegt. Zahlreiche Wohnhäuser wurden renoviert oder neu errichtet. „Die Stadt boomte" würde man heute sagen – mit dem heute ebenfalls bekannten Nebeneffekt, daß dabei Altes geopfert wurde: der privaten Bautätigkeit fiel z. B. nach und nach der größte Teil der älteren Stadtmauer zum Opfer.

In kirchlicher Hinsicht war mit der Gründung der Universität das Ende der seit der Reformation bestehenden unumschränkten Vorherrschaft des Protestantismus lutherischer Prägung gekommen. Die bereits seit Beginn des 18. Jahrhunderts bestehende sehr kleine evangelisch-reformierte Gemeinde blühte auf, als 1736 der reformierte Albrecht von Haller nach Göttingen kam. Seiner Initiative ist es zu verdanken, daß 1752/53 in der Unteren Karspüle eine reformierte Kirche gebaut werden konnte. 1746/47 war es katholischen Universitätsangehörigen gestattet worden, privat Messen zu lesen, und von 1787-1789 ließ sich die wachsende katholische Gemeinde in der Kurzen Straße eine dem Hl. Michael geweihte Kirche errichten.

Von dem neuen Publikum und der beträchtlichen Kaufkraft, die mit den Professoren und Studenten in die Stadt strömten, profitierten nicht nur die traditionellen Handwerker und die Hausbesitzer. Es siedelten sich jetzt auch Spezialisten für „Luxusprodukte" an, wie der Goldschmied Knauer, der Weinhändler Bremer, der Klavierbauer Ritmüller und der Tischler Reitemeier, und nicht zuletzt die Gastronomie prosperierte. 1735 eröffnete der holländische Buchhändler Abraham Vandenhoek sein Geschäft, das später von seiner Witwe Anna und ihrem Geschäftsführer Carl Ruprecht weitergeführt wurde. Trotz dieser engen Verflechtung zwischen Stadt und Universität bildete letztere – ähnlich wie früher Kleriker und Kirchen – rechtlich gesehen einen Fremdkörper in der Stadt. Professoren, Studenten und die übrigen sog. Universitätsverwandten, d. h. die im Dienste der Universität stehenden Handwerker, Dienstboten etc., waren dem Zugriff des Rates entzogen und einer eigenen Gerichtsbarkeit unterworfen. Wichtigstes Symbol dieser endgültig erst 1879 beseitigten sog. „akademischen Freiheit" war das spezielle Universitätsgefängnis, der Karzer.

Georg Christoph Lichtenberg (1742-1799) war einer der bedeutendsten Vertreter der deutschen Aufklärung. Er studierte seit 1763 in Göttingen Mathematik und Physik und lehrte hier von 1770 bis zu seinem Tode als Professor in diesen Fächern, wurde aber vor allem durch seine geistreichen Aphorismen berühmt.

Im Jahr 1800 war Göttingen wohl die berühmteste Universitätsstadt Deutschlands, wenn nicht sogar Europas. Von überall her zog es junge Menschen – ausschließlich Männer, das Frauenstudium lag noch in weiter Ferne – in die Stadt an der Leine, die bei einer Einwohnerschaft von jetzt etwas über 8000 Personen immerhin fast 700 Studenten beherbergte. Nichts belegt das damalige Renommee der Georgia Augusta besser als die Worte, mit denen Johann Wolfgang von Goethe rückblickend seinen Wunsch beschreibt, an der Leine studieren zu können (Dichtung und Wahrheit, Zweiter Teil, Sechstes Buch): „Bei diesen Gesinnungen hatte ich immer Göttingen im Auge. Auf Männer wie Heyne, Michaelis und so manchem anderen ruhte mein ganzes Vertrauen; mein sehnlichster Wunsch war, zu ihren Füßen zu sitzen und auf ihre Lehren zu merken". Goethes Studienwunsch scheiterte am Widerstand seines Vaters. Allerdings hat sich der Dichter mehrfach in Göttingen aufgehalten – erstmals im Jahr 1783, als er auch Lichtenberg einen Besuch abstattete.

Die Stadtbürger profitierten von der Georgia Augusta und ihren Studenten, die ein Zimmer brauchten, essen und trinken mußten und auch die Gaststätten und Kneipen frequentierten – böse Zungen behaupteten, der Lebensunterhalt eines Göttingers bestehe in vier Studenten und drei Schweinen. Wie heute war allerdings auch damals das Zusammenleben von Bürgern und Studenten nicht ohne Spannungen. Zu einer regelrechten Explosion kam es im Sommer 1790, nachdem ein Tischlergeselle und ein Student über die Frage, wer dem anderen auf dem Bürgersteig ausweichen müsse, in Streit geraten waren. Die Studenten fühlten sich in ihrer Ehre gekränkt und antworteten mit einer spektakulären Aktion: nahezu die gesamte Studentenschaft verließ die Stadt und zog auf das Kerstlingeröder Feld im Göttinger Wald, um dort zu kampieren. Da das Wetter offenbar mitspielte – es war mitten im Sommer – konnte sich ein reges Lagerleben entwickeln. Man organisierte sich halbmilitärisch in Kompanien, die so klangvolle Namen wie „Minerva“, „Mars“ oder „Athene“ führten, ernannte einen Generalissimus und einen Generaladjutanten, und Marketenderinnen, die Bier, Obst, Fleisch und Butterbrot anboten, haben ebenfalls nicht gefehlt. Aber auch Säbel, Pistolen und Büchsen sollen in beträchtlicher Menge vorhanden gewesen sein. Für die Verhandlungen mit der Universitätsleitung und der Stadtverwaltung ernannte man Deputierte, unter denen besonders ein ungarischer Graf in reich mit Gold betreßter Husarenuniform hervorstach.

Jetzt sollte sich zeigen, in welchem Maße Stadt und Bürger mittlerweile auf die Studenten angewiesen waren: nahezu alle Forderungen der studentischen Deputierten wurden erfüllt, und mit Tränen in den Augen sollen die Gesandten der Bürgerschaft um ihre Rückkehr gebeten haben. In feierlichem Zuge, mit Pferden, Fahnen und Waffen, kehrten daraufhin die Studenten wieder in die Stadt zurück. Ein solcher Auszug war kein Einzelfall, sondern ein durchaus übliches Protestmittel der Studenten in Göttingen und anderen Universitätsstädten.

Durch die Universität verschob sich aber nicht nur die soziale und konfessionelle Zusammensetzung der Einwohnerschaft, auch das geistige Klima in der Stadt änderte sich. Als ein Beispiel von vielen sei hier nur die Entstehung des „Hainbundes“ genannt, eines Zusammenschlusses dichtender Studenten in den Jahren 1772-1774, der in der deutschen Literaturgeschichte einen wichtigen Platz einnimmt. Der „Göttinger Hain“, dem so bedeutende Dichter wie Ludwig Christian Heinrich Hölty, Johann Heinrich Voß und Gottfried August Bürger angehörten oder nahestanden, war ein Kristallisationspunkt der literarischen Bewegung der „Empfindsamkeit“, der auch Goethe zeitweise nahestand.

Aufgrund der Erfahrungen aus dem Dreißigjährigen Krieg waren in Göttingen vor allem in den ersten Jahrzehnten des 18. Jahrhunderts die Befestigungsanlagen ausgebaut worden. Diese ursprünglich als Schutz gedachte Maßnahme sollte sich für die Stadt im Siebenjährigen Krieg (1756-1763) katastrophal auswirken, da die gegnerischen Parteien jetzt versuchten, den strategisch wichtigen Platz jeweils in ihren Besitz zu bekommen. Belagerungen, Eroberungen, Einquartierungen mit all ihren schrecklichen Auswirkungen wie Zerstörungen, Hunger, Krankheiten und Seuchen waren die Folge. Die Einwohnerzahl ging innerhalb weniger Jahre dramatisch von über 8000 auf knapp 6000 zurück, und der Zustand der Stadt war schließlich so schlecht, daß man ernsthaft überlegte, die Universität in das sichere Clausthal im Harz zu verlegen. Nach dem Ende des Krieges erholte sich Göttingen allerdings wieder sehr schnell, so daß bereits nach zehn Jahren die Einwohnerzahl die der Vorkriegszeit überstieg, und Mitte der 90er Jahre wohnten in Göttingen erstmals mehr als 10.000 Menschen. In dieser Phase städtischen Wachstums wurde im Jahre 1801 in Göttingen die erste kommunale Sparkasse Deutschlands gegründet.

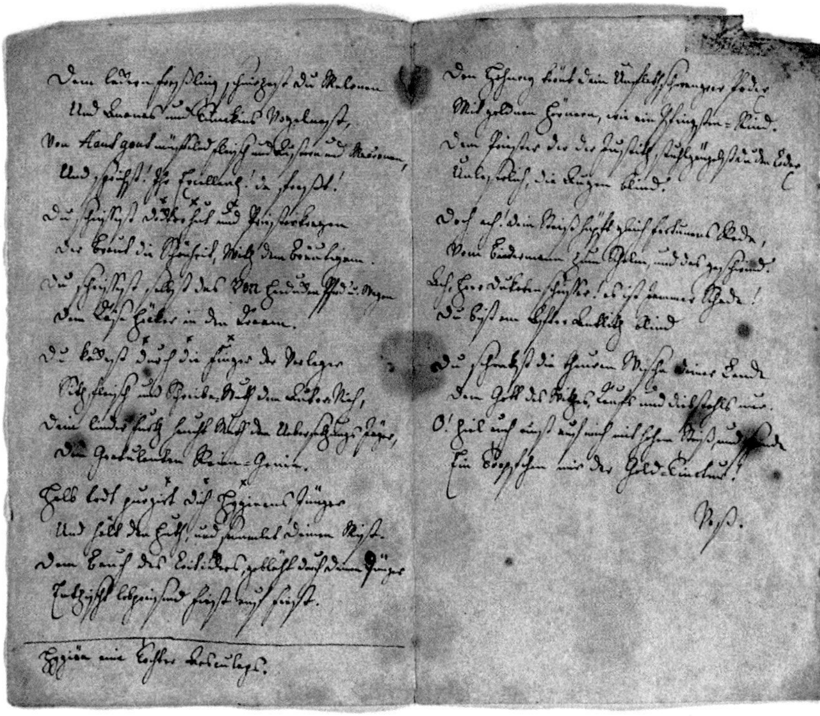

Die abgebildete spöttisch-scherzhafte „Schwergereimte Ode" wurde von Johann Heinrich Voß (1751-1826) wohl während seiner Göttinger Zeit (1772-1775) einem damaligen Dichterfreund gewidmet und erst vor kurzem im Stadtarchiv wiederentdeckt. Voß erwarb sich später vor allem als Übersetzer griechischer und römischer Klassiker großes Ansehen.

Zu diesem Zeitpunkt brauten sich am Horizont bereits gewaltige politische Unwetter zusammen, denn die Folgen der Französischen Revolution des Jahres 1789 sollten auch in Göttingen das Leben der Menschen tiefgreifend verändern. Jahrhundertelang war Göttingen Teil des alten Römischen Reiches gewesen, das wegen seiner unübersichtlichen politischen und rechtlichen Verfassung auch heute noch einen schlechten Ruf genießt. Bei aller berechtigten Kritik muß aber doch festgehalten werden, daß dieser noch stark mittelalterlich geprägte politisch-rechtliche Verband weder ein nationaler noch ein aggressiv-expansiver Staat war und seine Nachbarn daher nie bedroht hat.

Der Nationalstaat dagegen, der in moderner Form aus den Wirren der Französischen Revolution hervorging, war von Beginn an nach außen extrem aggressiv: in einem blutigen Eroberungszug gelang es Napoleon, nahezu ganz Europa seinem Einfluß zu unterwerfen. Diesem Ansturm vermochte das alte Römische Reich nichts entgegenzusetzen und löste sich mit der Gründung des Rheinbundes 1806 auf. In

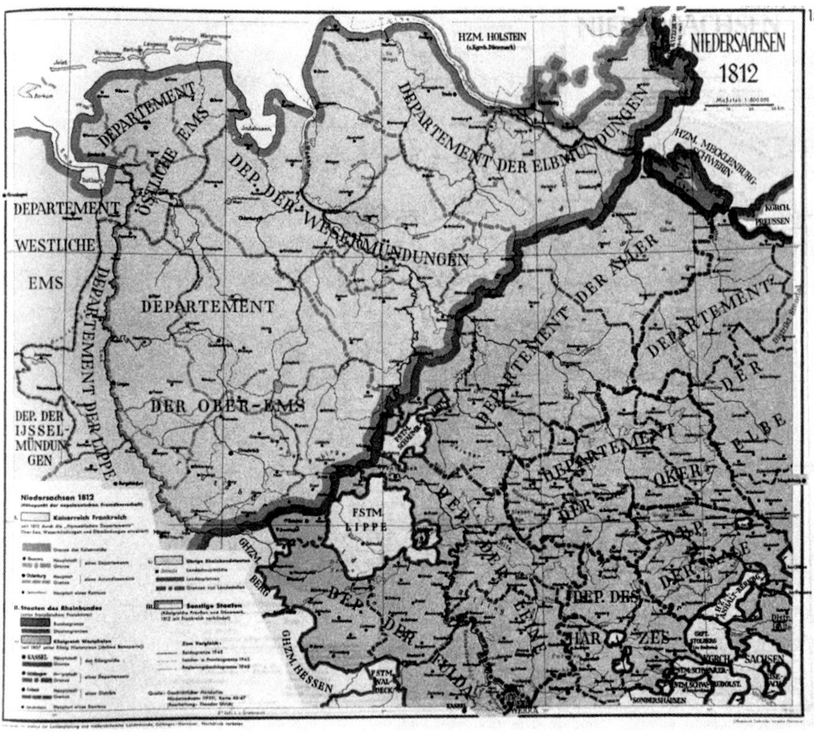

Zur Zeit Napoleons gehörte der Nordwesten des heutigen Niedersachsens zum Kaiserreich Frankreich, während der Südosten mit Göttingen ein Teil des Königreichs Westphalen war.

den Teilen Deutschlands, die Napoleon nicht direkt Frankreich angliederte, ließ er politisch abhängige Vasallenstaaten errichten. Zu diesen gehörte auch das 1807 geschaffene Königreich Westphalen, das ungeachtet seines Namens das östliche Niedersachsen, Nordhessen und Teile Brandenburgs umfaßte und an dessen Spitze König Jérôme, ein Bruder Napoleons, stand. Die innere Organisation dieses neuen Staates folgte ohne Rücksicht auf die historisch gewachsenen Verhältnisse strikt dem französischen Vorbild. Göttingen z. B. wurde Hauptstadt des Leine-Departements, das sich von der Werra über Göttingen, Einbeck und Rinteln bis an die Weser nördlich von Minden erstreckte.

Aber auch durchaus wegweisende Neuerungen – vor allem im Bereich der Gesetzgebung – wurden umgesetzt, wie z. B. die Einführung des bürgerlichen Gesetzbuches („code civile“) oder die Abschaffung der feudalen Lasten der Bauern. In Göttingen wurde die seit 1690 gültige Ratsverfassung gemäß dem französischen Vorbild durch einen ernannten Bürgermeister („Maire“) und einen gewählten Munizipalrat ersetzt. Überhaupt schienen sich in dieser Zeit neue gesellschaftliche Entwicklungen wenn nicht Bahn zu brechen, so doch sichtbar anzukündigen. Dazu gehörte die Forderung neuer Bildungsmöglichkeiten für Frauen und Mädchen, auf die der Superintendent von St. Johannis Johann Philipp Trefurt 1806 mit der Einrichtung der Universitäts-Töchterschule reagierte. Die Schule stand allen Mädchen der sog. höheren Stände offen und unterrichtete sie in Französisch, Geschichte, Geographie, Religion, Handarbeit, Schönschreiben, Zeichnen und anderem mehr. Es ist interessant zu beobachten, wie es trotz dieser Umbrüche in Staat und Verwaltung in den führenden Ämtern häufig keinen Wechsel gab: das Amt des französischen Maire übte der bereits seit 1799 amtierende Bürgermeister Conrad Tuckermann aus.

Nach dem gescheiterten Rußlandfeldzug Napoleons brach die französische Herrschaft in Deutschland und mit ihr das Königreich Westphalen 1813 schnell zusammen, und auch diesen Umbruch überlebte Conrad Tuckermann unbeschadet und blieb – jetzt wieder mit dem Titel Bürgermeister – ohne erkennbare Schwierigkeiten bis 1831 im Amt. Ansonsten wurden die Veränderungen der Franzosenzeit jedoch nach Möglichkeit zurückgenommen und in Göttingen die Ratsordnung von 1690 wieder eingeführt. Staatsrechtlich gab es jetzt allerdings einen wichtigen Unterschied: das alte Römische Reich lebte nicht wieder auf, die deutschen Länder – unter ihnen das zum Königreich erhobene frühere Kurfürstentum Hannover – erhielten die volle Souveränität und schlossen sich locker zum sog. Deutschen Bund zusammen. Eine den deutschen Raum zusammenfassende politische und staatliche Einheit gab es nicht mehr. Vor diesem Hintergrund wird das schnelle Anwachsen der deutschen Nationalbewegung im 19. Jahrhundert verständlich, wobei die Vorstellungen von der angestrebten nationalen Einheit aber durchaus gegensätzlich waren. Die sogenannte großdeutsche Lösung sah die Schaffung eines Nationalstaates unter Einbeziehung Österreichs vor. Dadurch wäre der Einfluß Preußens zurückgedrängt und der Spielraum der mittleren deutschen Staaten, zu denen auch Hannover gehörte, vergrößert worden. Die kleindeutsche Lösung andererseits strebte die Einigung Deutschlands unter preußischer Führung bei Ausschluß Österreichs an.

Die deutsche Nationalbewegung verband sich zunächst in vielfältiger Weise mit Forderungen nach einer politischen Liberalisierung und Demokratisierung bzw. größerer sozialer Gerechtigkeit. Der hier aufgestaute gesellschaftliche Druck entlud sich in ganz Europa mehrfach in politisch-sozialen Unruhen, die in hohem Maße auch unsere Stadt erfaßten. Im Januar 1831 brach als Folge des Pariser Juli-Aufstandes von 1830 die „Göttinger Revolution“ aus, in deren Verlauf das Rathaus besetzt wurde und die nach einer Woche nur unter Androhung militärischer Gewalt niedergeschlagen werden konnte. Die wichtigste Errungenschaft dieser Revolution war eine neue Stadtverfassung, die im Oktober 1831 die alte Ratsordnung von 1690 ablöste. 1837 – im Jahr des hundertjährigen Universitätsjubiläums – konnte auf der Nordseite des „Neuen Marktes“ als angemessenes Repräsentations- und Verwaltungsgebäude der Universität die Aula eingeweiht werden. Gleichzeitig wurde dem Gebäude gegenüber ein Denkmal des damaligen Landesherrn und Stifters des Neubaus König Wilhelm IV. errichtet. Nach ihm führt der Platz heute seinen Namen. Im gleichen Jahr wandten sich sieben Professoren der Georgia Augusta gegen den Bruch des hannoverschen Staatsgrundgesetzes durch den Nachfolger Wilhelms, König Ernst August. Diese sog. Göttinger Sieben – der Jurist Wilhelm Eduard Albrecht, der Theologe und Orientalist Georg Heinrich August Ewald, die Historiker Friedrich Christoph Dahlmann und Georg Gottfried Gervinus, die Germanisten Jakob und Wilhelm Grimm und der Physiker Wilhelm Weber – wurden ihres Amtes enthoben und teilweise des Landes verwiesen. Auch die Revolution von 1848 schlug in Göttingen mit Versammlungen, Aufrufen, Bildung einer Bürgerwehr u. ä. beträchtliche Wellen, blieb jedoch ohne größeres Blutvergießen.

Eine wichtige Folge der Revolution von 1848 war in Deutschland die rechtliche Gleichstellung der Juden. In den folgenden Jahrzehnten wuchs auch die Göttinger jüdische Gemeinde beträchtlich an, und Menschen jüdischen Glaubens begannen, nicht nur an der Universität und im geistigen und kulturellen Leben, sondern auch in Wirtschaft, Handel und Gewerbe eine beachtliche Rolle

Die berühmten „Göttinger Sieben": Wilhelm und Jakob Grimm (obere Reihe), Wilhelm Eduard Albrecht, Friedrich Christoph Dahlmann und Georg Gottfried Gervinus (mittlere Reihe), Wilhelm Weber und Georg Heinrich August Ewald (untere Reihe).

Die Synagoge an der Unteren-Masch-Straße.

Der Bismarckstein wurde im Sommer 1903 eingeweiht. Die kreisförmige Pfeilereinfassung hat man nach dem Zweiten Weltkrieg entfernt.

zu spielen. 1870 war die alte Synagoge in der Prinzenstraße endgültig zu klein geworden, so daß an der Unteren-Masch-Straße ein Neubau errichtet wurde, der aber bereits 1895 wieder erweitert werden mußte.

Die von vielen Deutschen ersehnte politische Einheit wurde durch Otto von Bismarck im Sinne der kleindeutschen Lösung gewaltsam durchgesetzt. Als Ergebnis des preußisch-österreichischen Krieges von 1866 und des deutsch-französischen Krieges von 1870/71 konnte das Kaiserreich („Zweites Reich") als deutscher Nationalstaat unter preußischer Führung errichtet werden. Verbunden war damit eine umfassende Flurbereinigung der politischen Landschaft in Deutschland, in deren Verlauf 1866 neben dem Kurfürstentum Hessen auch das Königreich Hannover seine Selbständigkeit verlor und in Preußen aufging. So wurde auch Göttingen eine preußische Stadt, und weite Kreise vor allem des Bürgertums standen den neuen Herren zunächst durchaus ablehnend gegenüber. Schon rasch allerdings paßte man sich den Verhältnissen an und ließ sich insbesondere in seiner Begeisterung für den ehemaligen Göttinger Studenten Otto von Bismarck, der von 1832 bis 1833 an der Georgia Augusta immatrikuliert war, so leicht von keinem übertreffen. Zu Beginn des 20. Jahrhunderts konnte Göttingen nicht nur – wie viele Städte in Deutschland – einen Bismarckturm, sondern außerdem ein Bismarckhäuschen und einen Bismarckstein, im Volksmund „Elefantenklo" genannt, vorweisen.

Das 20. Jahrhundert

Während des 19. Jahrhunderts hatte Göttingen seinen kleinstädtischen Charakter zunächst nicht wesentlich verändert, obwohl es bereits seit 1854 an das Eisenbahnnetz angeschlossen war. Jetzt, in preußischer Zeit und unter der Verantwortung der Oberbürgermeister Georg Merkel (amtierte 1870-1893) und Georg Calsow (amtierte 1893-1926), begann die Stadt sehr schnell zu wachsen, und um das Jahr 1930 war Göttingen eine Mittelstadt auf der Höhe ihrer Zeit mit Theater, Kino, funktionierender Kanalisation, einem modernen Hallenbad und einem erst 1927 erbauten Freibad sowie öffentlichem Personennahverkehr. Das Lieblingsprojekt von Oberbürgermeister Merkel war die Aufforstung des Hainbergs, wodurch Göttingen, das sich jetzt stolz „Universitäts- und Gartenstadt“ nannte, an Attraktivität nicht zuletzt als Altersruhesitz für wohlhabende Pensionäre gewann.

In der Amtszeit von Oberbürgermeister Georg Merkel (1870–1893) begann eine umfassende Modernisierung Göttingens.

Unter der Federführung der bedeutenden Städteplaner und Architekten Heinrich Gerber (Stadtbaurat 1871-1901), Otto Frey (Stadtbaudirektor 1908-1945) und Walter Krauspe (Leiter des Hochbauamtes 1927-1960) sprengte die Stadt endgültig die mittelalterliche Begrenzung des Walls. Unter ihrer Leitung entstanden u. a. das Ostviertel, die Südstadt, die Universitätskliniken (1887-1906) und die ersten neuangelegten, größeren Wohnsiedlungen Egelsberg (1928-1938) und Treuenhagen (1936). Gleichzeitig war die Stadt aber auch zu einem bedeutenden Militärstandort ausgebaut worden: dem ersten größeren Kasernenbau – die 1834/35 errichtete sog. Alte Kaserne, heute Amtshaus am Hiroshimaplatz – folgten an der Geismar Landstraße 1882 die Wörth-Kaserne (abgerissen 1973) und 1898 die Lüttich-Kaserne (heute Gothaer Versicherung) sowie 1937 schließlich die Zieten-Kaserne am Lohberg und die Artillerie-Kaserne in Weende (heute Ev. Krankenhaus Göttingen-Weende).

Das Schulwesen wurde modernisiert und ausgebaut. Da das alte Pädagogium in der Universität aufgegangen war, die auch seine Räume im ehemaligen Paulinerkloster übernommen hatte, war etwa zeitgleich mit der Gründung der Universität eine Stadtschule eingerichtet worden. Untergebracht war diese Schule – die bald zum Gymnasium erweitert wurde – zunächst in dem 1735-1736 umgebauten Gebäudekomplex des ehemaligen Franziskanerklosters zwischen Wilhelmsplatz und Roter Straße, bis man 1884 jenseits des Walles ein neues Gebäude errichtete. Am 4. Oktober 1947, dem Todestag des großen Physikers Max Planck, wurde die Schule in Max-Planck-Gymnasium umbenannt. Bereits 1879 war vor dem Albanitor ein stattlicher Bau für die neue sog. „Östliche Volksschule“ (heute Albanischule) fertiggestellt worden, deren moderne Schulbadeanstalt – die erste Deutschlands – sogar auf der Pariser Weltausstellung von 1889 Beachtung fand. 1892 wurde die frühere Höhere Bürgerschule zur Oberrealschule erweitert, die 1928 einen architektonisch bemerkenswerten Bau Walter Krauspes beziehen konnte. Seit 1949 führt die Schule den Namen des bedeutenden Mathematikers Felix Klein, der von 1886 bis 1913 als Professor für Mathematik in Göttingen wirkte. Die 1866 gegründete städtische Mädchenschule wurde 1901 als Höhere Mädchenschule staatlich anerkannt und erhielt 1913 als „Lyceum“ – heute Hainberggymnasium – einen großen und modernen Neubau am Friedländer Weg.

Auch das kulturelle Leben entfaltete sich zu einer beachtlichen Blüte. Nachdem durchziehende Theatergruppen lange Zeit mehr schlecht als recht in der 1820 bis 1824 als Ball- und Konzerthaus errichteten sog. Restauration am Wilhelmsplatz (heute Mensa) ihre Vorstellungen gegeben hatten, wurde 1890 ein stattliches Theatergebäude neben dem Gymnasium am Wall errichtet.

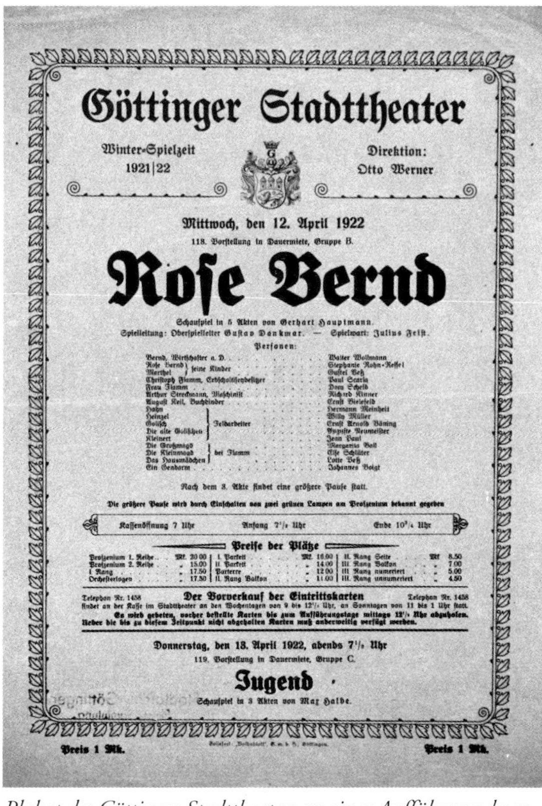

Plakat des Göttinger Stadttheaters zu einer Aufführung des sozialkritischen Dramas „Rose Bernd“ von Gerhart Hauptmann aus der Spielzeit 1921/22.

Das Programm war beachtlich: Neben den üblichen Lustspielen wurden dem Göttinger Publikum nicht nur Werke von Sophokles, Shakespeare, Goethe und Schiller geboten, sondern auch zeitgenössische Autoren wie Gerhart Hauptmann, Hugo von Hofmannsthal und Maxim Gorki zugemutet. Bereits zur Mitte des 19. Jahrhunderts hatte die Musikkultur in Göttingen zeitweise ein hohes Niveau erreicht. 1840 wurde das Paulus-Oratorium von Felix Mendelssohn Bartholdy aufgeführt und zehn Jahre später gastierte die damals weltberühmte Sängerin Jenny Lind, die „schwedische Nachtigall". Der Komponist Johannes Brahms hielt sich 1853 und 1858 in Göttingen auf und musizierte hier, Max Reger trat zu Anfang des 20. Jahrhunderts mehrfach auf und Richard Strauss dirigierte im November 1932 seine Oper „Der Rosenkavalier". Die ständige Opernbühne des Stadttheaters brachte Mozart, Wagner, Verdi und Gounod. Eine Besonderheit Göttingens sind die jährlich stattfindenden „Händel-Festspiele", die auf die Wiederentdeckung der Opern des großen Barockkomponisten Georg Friedrich Händel durch den Kunsthistoriker Oskar Hagen 1920 zurückgehen. Heute gehören die Festspiele zu den international renommierten Musikereignissen.

Vorderseite des 10-DM-Scheins mit dem Porträt von Johann Carl Friedrich Gauß und wichtigen Gebäuden der Göttinger Altstadt.

Die Göttinger Universität hatte nach einem vorübergehenden Rückgang von Ansehen und Studentenzahlen seit der Mitte des 19. Jahrhunderts einen erstaunlichen Wiederaufschwung erlebt, der vor allem die naturwissenschaftlichen Disziplinen betraf. Beginnend mit Johann Carl Friedrich Gauß (1777-1855), der seit 1807 in Göttingen lehrte, lebten und wirkten an der Georgia Augusta zahlreiche weltberühmte Wissenschaftler. Spätestens seit Beginn des 20. Jahrhunderts galt die Stadt – nicht zuletzt aufgrund des Wirkens von Felix Klein – weltweit als „Mekka der Naturwissenschaften". Folgende Professoren wurden bis zum Machtantritt der Nationalsozialisten 1933 während ihrer Tätigkeit in Göttingen mit dem Nobelpreis geehrt: Otto Wallach (Chemie 1910), James Franck (Physik 1925), Richard Zsigmondy (Chemie 1925) und Adolf Windaus (Chemie 1928). Max Born, von 1922 bis zu seiner erzwungenen Emigration 1933 Professor in Göttingen, erhielt für seine grundlegenden Forschungen aus dieser Zeit 1954 den Nobelpreis für Physik.

Mit dieser Blüte der Naturwissenschaften hing aufs engste die Entstehung der Göttinger feinmechanischen, optischen und elektrotechnischen Industrie zusammen, die jetzt die Textilindustrie als wichtigsten Göttinger Wirtschaftszweig ablöste. Die sich gegenseitig befruchtende Zusammenarbeit zwischen den Naturwissenschaftlern der Universität und den Handwerksmeistern der mechanischen Werkstätten ließ eine Vielzahl von Firmen entstehen – genannt seien nur Namen wie Sartorius, Spindler & Hoyer, Lambrecht, Zeiss-Winkel und Ruhstrat. Wohl in keiner Stadt in Deutschland, ja in Europa sind derartige Unternehmen so zahlreich und vielfältig vertreten. Der wichtigste großindustrielle Arbeitgeber allerdings war das Reichsbahnausbesserungswerk westlich des Bahnhofs. Mit dem Wachstum der Industrie entstand erstmals in Göttingen eine zahlenmäßig bedeutende Arbeiterschicht, so daß sich jetzt auch die gesellschaftliche Zusammensetzung der Bevölkerung änderte. Gleichzeitig stiegen die Einwohnerzahlen steil an: um 1900 war die Zahl von 30.000 überschritten, 1930 lebten bereits weit mehr als 40.000 Menschen in Göttingen. Trotz Wachstum und sozialer Veränderung blieb der Charakter der Stadt allerdings von Universität und Bürgertum geprägt, Göttingen war nach wie vor beliebter Ruhesitz wohlhabender Pensionäre.

Wie überall in Deutschland war auch in Göttingen der Erste Weltkrieg überwiegend enthusiastisch begrüßt worden – von dieser nationalen Hysterie hatten sich insbesondere zahlreiche Professoren der Universität in extremer Weise mitreißen lassen. Der blutige Krieg und die immer wieder enttäuschten Hoffnungen auf ein siegreiches Ende wirkten dann auf viele Menschen ernüchternd. Die Todesanzeigen in den Zeitungen nahmen an Zahl zu, es herrschte bald spürbarer Mangel an Lebensmitteln und Versorgungsgütern, und im Ebertal wurde bereits 1914 ein Kriegsgefangenenlager eingerichtet – die Keimzelle der späteren Siedlung Ebertal.

Die militärische Niederlage der deutschen Heere im Herbst 1918 ließ auch das politische System des von Bismarck gegründeten deutschen Kaiserreiches zusammenbrechen. In der Novemberrevolution 1918 wurden überall in Deutschland die Monarchen von ihren Thronen gestürzt, und es entstand erstmals auf deutschem

Das Kriegsgefangenenlager Ebertal mit Blick auf den noch unbebauten Lohberg.

Boden ein demokratisches Staatswesen. Diese sog. Weimarer Republik blieb jedoch nicht zuletzt aufgrund der ablehnenden Haltung weiter Kreise des national-konservativ gesinnten Bürgertums und der führenden Schichten in Militär, Verwaltung, Justiz und Wissenschaft politisch instabil. Da diese Gruppen in Göttingen überproportional stark vertreten waren, verwundert es nicht, daß auch die Nationalsozialisten hier sehr früh, d.h. schon in der ersten Hälfte der zwanziger Jahre, Fuß fassen konnten und kräftigen Zulauf hatten. Göttingen entwickelte sich schnell zu einer ausgesprochen „braunen" Stadt, einer Hochburg der Nazis. Die Wahl Adolf Hitlers zum Reichskanzler am 30. Januar 1933 wurde von Stadt und Universität festlich begangen, am Tage vor der Reichstagswahl vom 5. März des gleichen Jahres konnte die SA auf dem Rathaus ungehindert die Hakenkreuzfahne hissen. Dementsprechend reibungslos verlief die sog. Machtübernahme, d.h. die Regierungsübernahme durch die NSDAP in der Stadt: der konservative Oberbürgermeister Bruno Jung blieb zwar im Amt, die Verwaltung folgte von nun aber uneingeschränkt den Vorgaben Hitlers. 1938 wurde mit Albert Gnade ein ausgewiesener Nationalsozialist und SS-Mann Göttinger Oberbürgermeister.

Die Herrschaft der Nationalsozialisten im sog. „Dritten Reich" gründete sich auf Terror und Unterdrückung. Politische Gegner wie Sozialdemokraten und Kommunisten, gläubige Christen aller Konfessionen und viele andere Gruppen, vor allem aber die sog. „rassisch Minderwertigen" wie Juden und Zigeuner, wurden drangsaliert, inhaftiert, vertrieben und ermordet. Dies alles geschah in der Regel nicht wild und ungezügelt, sondern in geordneter, ja ordentlicher Weise, verwaltungsmäßig und damit letztlich auch öffentlich. Menschen jüdischen Glaubens oder mit jüdischen Vorfahren wurden systematisch aus Verwaltung, Wirtschaft und Wissenschaft verdrängt – neben allen anderen Aspekten im übrigen ein Aderlaß, von dem sich die Naturwissenschaften in Deutschland und insbesondere in Göttingen nicht wieder erholt haben – ‚durch Boykottmaßnahmen materiell ruiniert, in Ghettos (sog. Judenhäusern) zusammengetrieben und schließlich ermordet. Die Synagoge an der Maschstraße ging 1938 in Flammen auf, die letzten etwa 140 Mitglieder der vor 1933 über 400 Personen zählenden jüdischen Gemeinde wurden 1942 in zwei Transporten aus den fünf Göttinger Judenhäusern in die Vernichtungslager deportiert. Nur wenige überlebten den Völkermord.

Den Zweiten Weltkrieg, der am 1. September 1939 mit dem Angriff Deutschlands auf Polen begann, hat Göttingen – verglichen mit benachbarten Städten wie Kassel oder Hildesheim – glimpflich überstanden. Die wenigen Bombenangriffe galten vor allem dem Bahnhof. Sie richteten dort beträchtliche Schäden an – u.a. wurde in unmittelbarer Nachbarschaft das 1827 bis 1829 errichtete Gebäude des Anatomischen Instituts zerstört – und töteten zahlreiche Menschen, darunter viele Kriegsgefangene und Zwangsarbeiter. Auch in der Masch und auf die Universitätsbibliothek, deren Bestände teilweise ausgelagert waren, fielen Bomben. Wegen der zahlreichen und gut ausgestatteten Kliniken und Krankenhäuser wurde Göttingen Lazarettstadt und war in den letzten Kriegsmonaten überfüllt mit Verwundeten und Flüchtlingen. Das Ende verlief unblutig: aufgrund glücklicher Umstände und durch das Zusammenwirken besonnener Akteure konnte die Stadt am 8. April 1945 kampflos von amerikanischen Truppen besetzt werden.

Heinrich Himmler, der oberste Führer der SS, besuchte am 5. Mai 1934 Göttingen und nahm auf dem Marktplatz eine Parade ab.

Am 9. November 1973 wurde zum Gedenken an die von den Nationalsozialisten ermordeten Juden auf dem Platz der zerstörten Synagoge ein Mahnmal eingeweiht, das der italienische Künstler Corrado Cagli entworfen hatte.

Die alliierten Sieger des Zweiten Weltkrieges hatten nach der bedingungslosen Kapitulation vom 8. Mai 1945 Deutschland in vier Besatzungszonen aufgeteilt, wobei Göttingen der britischen Zone zufiel. In den Wochen und Monaten der unmittelbaren Nachkriegszeit hatte die politische Verantwortung für die Stadt in den Händen des von der Militärregierung ernannten Oberbürgermeisters Erich Schmidt gelegen. Zu Beginn des Jahres 1946 wurde dann in der britischen Besatzungszone und damit auch in Göttingen eine neue, demokratische Kommunalverfassung eingeführt, durch die die Führung der Kommunen auf zwei Funktionen verteilt wurde: der ehrenamtliche Oberbürgermeister übernahm als Vorsitzender des Stadtrates die politische Repräsentation, der hauptamtliche Oberstadtdirektor die eigentliche Verwaltungsleitung. In Göttingen trat neben Schmidt, der jetzt als Oberstadtdirektor amtierte, der FDP-Politiker Hermann Föge als Oberbürgermeister. Nach der Kommunalwahl vom 13. Oktober 1946, der ersten demokratischen Wahl in Göttingen seit 1933, wurde Föge durch das SPD-Mitglied Heinrich Düker abgelöst; Föge übernahm das Amt allerdings nochmals in den Jahren von 1948 bis 1956. Weitere wichtige Göttinger Politiker der Nachkriegs- und Wiederaufbauzeit waren Franz Arnholdt (Oberbürgermeister 1947-1948) und Helmuth Kuß (Oberstadtdirektor 1953-1959). Die Probleme, mit denen sie zu kämpfen hatten, waren überwältigend, denn es fehlte nahezu alles: Nahrung, Kleidung, Medikamente, Wohnungen und Heizmaterial.

Heinrich Düker (1898-1986), im ersten Weltkrieg schwer verwundet und als SPD-Mitglied von den Nationalsozialisten verfolgt, wurde 1946 erster demokratisch gewählter Oberbürgermeister Göttingens nach dem zweiten Weltkrieg. Er amtierte bis zum Oktober 1947.

Bei all diesen Schwierigkeiten bedeuteten die Unversehrtheit von Stadt und Universität, die mit Erlaubnis der britischen Besatzungsmacht bereits zum Wintersemester 1945/46 ihren Lehrbetrieb wieder aufnahm, einen unschätzbaren Startvorteil. Göttingen wurde zum Sammelbecken für Menschen vor allem aus akademischen

Eingang zum Film-Atelier Göttingen auf dem ehemaligen Flugplatzgelände.

und künstlerischen Berufen – als Beispiel sei nur der hochbetagte Physiker Max Planck (1858-1947) genannt, der hier seine letzte Lebenszeit verbrachte. Werner Heisenberg, bereits in den zwanziger Jahren als Privatdozent an der Göttinger Universität tätig, kehrte 1946 nach Göttingen zurück und lehrte von 1947 bis 1958 an der wiederaufblühenden Georgia Augusta. Am 26. Februar 1948 wurde in Göttingen die Max-Planck-Gesellschaft gegründet, deren erster Präsident der Nobelpreisträger und spätere Göttinger Ehrenbürger Otto Hahn war. Im gleichen Jahr versammelten sich in Göttingen am 19. November vom Nationalsozialismus unbelastete Schriftsteller, unter ihnen Erich Kästner und Johannes R. Becher, Kulturminister der DDR von 1954 bis 1958, zur Gründung des deutschen PEN-Clubs.

So war es auch mehr als ein Zufall, dass bereits 1945 Rolf Thiele und Hans Abich hier die Filmaufbau GmbH gegründet und die Stadt an der Leine so zu einem Zentrum der bundesdeutschen Filmproduktion in den 50er Jahren gemacht hatten. Immerhin wurden im Studio der Filmaufbau auf dem Gelände des ehemaligen Wehrmachtsflugplatzes zwischen Grone und Holtensen in den Jahren von 1949 bis 1961 über hundert Spielfilme gedreht, darunter so bekannte Streifen wie „Liebe 47“, „Das Haus in Montevideo“, „Königliche Hoheit“ und „Rosen für den Staatsanwalt“. Das Stadttheater erreichte nach 1945 unter der Leitung von Fritz Lehmann als Drei-Sparten-Theater (Schauspiel, Oper, Operette) ein außerordentliches Niveau, die hohen Kosten erzwangen aber bald eine Reduzierung und die Aufgabe von Oper und Operette. Heinz Hilpert, ehemals Mitarbeiter von Max Reinhardt in Berlin, formte als Intendant in den Jahren 1950 bis 1965 das in „Deutsches Theater zu Göttingen“ umbenannte Haus zur reinen Sprechbühne mit nationalem Renommee um. Aus dem jetzt arbeitslos gewordenen früheren Theaterorchester ging 1951 das Göttinger Symphonie-Orchester hervor, das an die frühere Musikkultur Göttingens anzuknüpfen, sie über die Jahrzehnte weiterzuentwickeln und auf einer erstaunlichen Höhe zu halten vermochte.

Zwei Jahre später, im Sommer 1953, feierte Göttingen in einem mehrtägigen Fest die 1000jährige Wiederkehr der Ersterwähnung des Ortes Gutingi in der Urkunde Kaiser Otto I. aus dem Jahre 953. Höhepunkt der Feierlichkeiten war am 28. Juni ein Festakt im altehrwürdigen Rathaus, in dessen Verlauf den ehemals in Göttingen wirkenden und von den Nationalsozialisten vertriebenen Naturwissenschaftlern Max Born, James Franck und Richard Courant sowie dem Philosophen und Pädagogen Herman Nohl die Ehrenbürgerwürde verliehen wurde.

Trotz des sich vielfältig und bunt entfaltenden neuen Lebens hatten sich in der 1949 gegründeten Bundesrepublik für Göttingen die Rahmenbedingungen grundsätzlich eher verschlechtert. Aus einer zentralen Lage innerhalb Deutschlands war es an die Peripherie gerückt, und die im Zuge des Kalten Krieges immer undurchlässiger werdende innerdeutsche Grenze hatte die Stadt von einem wesentlichen Teil ihres alten Einzugsgebietes und Hinterlandes abgeschnitten. Vorteilhaft blieb allerdings die Lage an einem der großen Nord-Süd-Verkehrswege, die einen direkten Anschluß an Eisenbahn und Autobahn sicherstellte. Daher konnte auch Göttingen vom deutschen „Wirtschaftswunder" profitieren und veränderte in den Jahrzehnten nach 1945 sein Gesicht stärker als jemals zuvor. Die Einwohnerzahlen erhöhten sich explosionsartig von 68.577 im Jahre 1946 auf 129.106 im Jahr 2001. Diese Menschen brauchten Raum zum Leben, Wohnen und Arbeiten, den das sog. Göttingen-Gesetz vom 1. Juli 1964 schuf: in zwei Wellen – 1963/64 und 1973 – wurden zuerst Herberhausen, Geismar, Grone, Nikolausberg und Weende, dann Deppoldshausen, Elliehausen, Esebeck, Groß Ellershausen, Hetjershausen, Holtensen, Knutbühren und Roringen eingemeindet. Parallel dazu wurden große Neubaugebiete angelegt, ja ganze Stadtteile entstanden neu: In den fünfziger Jahren an der Pfalz-Grona-Breite, am Hagenberg und am Lohberg, seit 1961 auf dem Leineberg, seit 1967 am Holtenser Berg, in Geismar und Grone und schließlich seit 1972 in Weende-Nord. Nach dem Auszug der Filmleute entstand auf dem ehemaligen Flugplatzgelände ein modernes Industriegebiet. Eine Besonderheit ist die durch das Göttingen-Gesetz geschaffene Stellung der Stadt im Kreis gleichen Namens: sie ist zwar formal kreisangehörig, hat gleichzeitig aber auch zahlreiche Befugnisse kreisfreier Städte.

Göttingen wuchs allerdings nicht nur nach außen, auch die historische Kernstadt veränderte sich tiefgreifend. Als im Jahre 1964 die für die damalige Zeit architektonisch durchaus anspruchsvolle Stadthalle an der Stelle des alten Stadtparks vor dem Albanitor eingeweiht wurde, erhielt die Stadt endlich einen modernen Veranstaltungsort für Ausstellungen, Tagungen, Konzerte und Bälle. Daß die Stadthalle nach über dreißig Jahren den heutigen Ansprüchen nur noch schwer standhält und deshalb ein Neubau – möglicherweise auf der Bahnhofwestseite in der Nähe der Lokhalle – zur Diskussion steht, darf allerdings auch nicht verwundern. Seit 1972 wurde das Zentrum der Altstadt in eine Fußgängerzone umgewandelt und damit Raum für die Entfaltung bunten urbanen Lebens geschaffen. 1978 konnte das Neue

Rathaus am ehemaligen 82er Platz – seit 1992 Hiroshimaplatz – bezogen werden. Damit wurden nach vielen Jahren alle Ämter der Stadtverwaltung wieder in einem Haus vereinigt, und zugleich erhielt der Stadtrat erstmals seit dem Wiederbeginn des demokratischen Lebens 1946 einen angemessenen Sitzungsaal.

Nicht nur die Einwohnerzahl wuchs, auch die Zusammensetzung der Bevölkerung änderte sich grundlegend. Während und unmittelbar nach dem Zweiten Weltkrieg waren es die Flüchtlinge und Vertriebenen aus der Sowjetischen Besatzungszone und den ehemaligen deutschen Ostgebieten, die zunächst im Grenzdurchgangslager Friedland Aufnahme fanden und sich dann in großer Zahl in Göttingen niederließen. Seit den sechziger Jahren folgten ihnen die „Gastarbeiter" vor allem aus Südeuropa und der Türkei, die mit ihrer Arbeitskraft entscheidend zum wirtschaftlichen Aufstieg der Bundesrepublik beitrugen. Seit den achtziger Jahren verließen deutschstämmige Aussiedler in großer Zahl die Staaten Osteuropas, um in der Bundesrepublik und auch in Göttingen eine neue Heimat zu suchen. Alle diese Gruppen mußten in die heimische Bevölkerung integriert werden und sind heute ein unverzichtbarer Bestandteil der Göttinger Bürgerschaft. 2001 lebten in Göttingen fast 14.000 Ausländer – das sind mehr Menschen, als die Stadt um 1850 Einwohner hatte –, die durch ihre Traditionen und ihre Kultur das gesellschaftliche Leben mitgestalten und bereichern.

Angesichts der unvorstellbaren Verbrechen, die von Deutschen und im deutschen Namen an Menschen jüdischen Glaubens in Europa verübt wurden, ist es bemerkenswert, daß schon kurz nach dem Ende des Zweiten Weltkrieges in Göttingen wieder eine jüdische Gemeinde entstand. Ihre Mitgliederzahl blieb allerdings gering, und nach dem Tode des langjährigen Vorsitzenden Max Lilienthal 1971 hörte sie faktisch auf zu existieren, ohne jedoch rechtlich zu erlöschen. Als nach den politischen Umwälzungen in Osteuropa zu Beginn der neunziger Jahre wieder zahlreiche Menschen jüdischen Glaubens nach Deutschland kamen, lebte 1994 auch die Göttinger Gemeinde wieder auf und entfaltete bald ein reges Gemeindeleben. Heute umfaßt sie ca. 280 Mitglieder, und die Wiederrichtung einer Synagoge ist fest ins Auge gefaßt worden.

Wie die Stadt wuchs auch die Universität. Im ersten Nachkriegssemester, dem Wintersemester 1945/1946, studierten 4680 Studenten an der Georgia Augusta, zu Beginn der neunziger Jahre war ihre Zahl auf über 30.000 gestiegen, und zum Wintersemester 2000/2001 waren 23.190 Personen in Göttingen immatrikuliert. Auch das Wachstum der Universität spiegelt sich in großen Neubaumaßnahmen: Ab 1958 entstand auf dem Gebiet des ehemaligen Universitätssportgeländes östlich der Weender Landstraße das Geisteswissenschaftliche Zentrum mit Campus und Mensa, ab 1965 wurde zwischen Weende und Nikolausberg der Bereich „Universität Nord" für die naturwissenschaftlichen Institute errichtet und im Jahre 1969 begann man mit dem Bau eines neuen Klinikums. Die Gebäude der alten Universitätskliniken an der Humboldtallee werden von anderen Universitätseinrichtungen genutzt, im ehemaligen Operationssaal der Chirurgischen Klinik hat seit 1984 auch ein Theater – das ThOP („Theater im OP") – seinen Platz gefunden. Schließlich wurde 1993 der architektonisch anspruchsvolle Neubau der Universitätsbibliothek auf dem Campusgelände eröffnet.

Göttingen von Westen: Im Vordergrund der Bahnhof, in der Mitte die vom Grüngürtel des Walls umschlossene Altstadt, rechts oben das Neue Rathaus, im Hintergrund Neubaugebiete.

Mit dem Wachstum von Stadt und Universität veränderte sich auch das kulturelle Milieu tiefgreifend. Bereits 1957 war das Junge Theater gegründet worden und hatte sich schnell als experimentierfreudige Bühne einen festen Platz vor allem beim studentischen Publikum erworben. Im Zuge des gesellschaftlichen Umbruchs der ausgehenden sechziger und beginnenden siebziger Jahre, der meist als Achtundsechziger-Bewegung bezeichnet wird, bildete sich, wie überall in der Bundesrepublik, auch in Göttingen ein häufig unbequemes, alternatives und vielfältig von Protest geprägtes, aber immer auch lebendiges kulturelles Milieu heraus. Dabei markiert das Jahr 1968 weniger ein einmaliges Datum, als vielmehr den Höhepunkt der damaligen Bewegung, die sich bereits länger vorbereitet hatte und deren Auswirkungen bis heute reichen. Ein Kristallisationspunkt für die neuen Bewegungen war in Göttingen der Protest gegen innerstädtische Sanierungs- und Baumaßnahmen, durch die tief und nicht immer vorteilhaft in die noch weitgehend erhaltene Altstadtbebauung eingegriffen wurde. Der Abriß des Universitätsreitstalls im Jahr 1968 ist dafür nur der bekannteste Fall. Ebenfalls 1968 mußte z. B. das historische Gebäude des „Frankfurter Hofes" am Geismar Tor einem Bankhochhaus Platz machen, im gleichen Jahr begann der Abbruch der alten Fachwerkhäuser in der Neustadt und ab 1970 veränderte das Iduna-Zentrum das Areal des Weender Tores. Der seit Mitte der sechziger Jahre geplante Bau der Osttangente, einer mehrspurigen Autostraße durch das ruhige Wohngebiet des Ostviertels, scheiterte allerdings am Widerstand der Bevölkerung.

Der Zusammenbruch der DDR im Herbst 1989 und der Beitritt der fünf ostdeutschen Länder zur Bundesrepublik im folgenden Jahr schuf auch für Göttingen eine grundlegend veränderte Situation. Auch Jahre nach diesem Umbruch ist nicht absehbar, ob die Vorteile und Chancen die durchaus auch spürbaren neuen Belastungen und Herausforderungen überwiegen. So gab die Bundeswehr als Folge der weltpolitischen Veränderungen 1992 ihren Standort in Göttingen auf, womit nicht nur die traditionsreiche Garnisonsgeschichte der Stadt ein Ende fand, sondern auch ein wichtiger Wirtschaftsfaktor verschwand. Zudem wird im zusammenwachsenden Deutschland und Europa nicht nur die Konkurrenz um Güter und Geld härter, auch der Kampf um Menschen und Wissen wächst, und das bekommen auch Stadt und Universität Göttingen zu spüren. Es ist gewiß kein Zufall, daß die Zahl der Studierenden an der Georgia Augusta seit einigen Jahren kontinuierlich abnimmt. Gleichzeitig hat die Stadtverwaltung, wie die meisten Kommunen Deutschlands, finanziell mit großen Schwierigkeiten zu kämpfen. Aus vielerlei Gründen wächst die Finanznot der öffentlichen Hand und gleichzeitig steigen die Anforderungen, die an sie als Dienstleistungsunternehmen für die Bürger gestellt werden.

Andererseits liegt die Stadt an der Leine jetzt wieder „mitten in Deutschland", ja in Europa. Göttingen, wo sich in über 250 Jahren eine tiefe Symbiose zwischen Stadt und Universität entwickelt hat, kann von der neuen Situation in besonderer Weise profitieren und versuchen, den früheren Rang als internationales Zentrum der Wissenschaften wiederzugewinnen. Die Voraussetzungen dafür sind nicht ungünstig und ernsthafte Bemühungen sind vielerorts erkennbar. Eine Garantie auf Erfolg jedoch gibt es nicht, so daß die Lage unserer Stadt am Beginn des 3. Jahrtausends keineswegs sicher und einfach ist. Das war sie aber – ein Rückblick auf über 1000 Jahre Stadtgeschichte zeigt es – eigentlich nie. Und aus dieser Perspektive wiederum spricht nichts dagegen, die neuen Probleme mit frischem Mut anzugehen.

Literaturhinweise:

ALBRECHT SAATHOFF, Geschichte der Stadt Göttingen, 2 Bde, Göttingen 1937, 1940

GÖTZ VON SELLE, Die Georg-August-Universität zu Göttingen 1737-1937, Göttingen 1937

DIETRICH DENECKE, HELGA-MARIA KÜHN (Hg.), Göttingen. Geschichte einer Universitätsstadt, Bd. 1: Von den Anfängen bis zum Ende des Dreißigjährigen Krieges, Göttingen 1987

RUDOLF VON THADDEN, GÜNTER J. TRITTEL (Hg.), Göttingen. Geschichte einer Universitätsstadt, Bd. 3: Von der preußischen Mittelstadt zur südniedersächsischen Großstadt. 1866–1989, Göttingen 1999

Zahlreiche Aufsätze zur Göttinger Geschichte sowie eine ausführliche Bibliographie finden sich im Göttinger Jahrbuch, das seit 1952 jährlich erscheint.

Bildnachweis

Städtisches Museum Göttingen:
Seite 9, 11, 18, 19, 23, 28, 29, 30, 33, 37, 38

Stadtarchiv Göttingen:
Seite 7, 17, 22, 25, 26, 31, 35

Fremdenverkehrsverein Göttingen:
Seite 6, 12, 36

Niedersächsische Staats- und Universitätsbibliothek Göttingen:
Seite 15, 20

Staatsarchiv Magdeburg:
Seite 4

1 Gutingi/Altes Dorf mit St. Albani
2 Pfalz/Burg Grone
3 Gerichtslinde auf dem Leineberg
4 Herzogliche Burg
5 Reste der älteren Stadtmauer
6 Altes Rathaus und Markt
7 St. Johannis
8 St. Jacobi
9 St. Nicolai
10 St. Marien, Deutschordenskommende und Neustadt
11 Kaufgildehaus
12 Franziskanerkloster/Wilhelmsplatz/Aula
13 Dominikanerkloster mit Paulinerkirche/ Pädagogium/alte Universitätsbibliothek
14 St. Annenkloster
15 Fronleichnamkapelle
16 Walkenrieder Hof mit Kapelle
17 Hospital St. Spiritus (Hl. Geist-Spital)
18 Hospital St. Crucis (Hl. Kreuz-Spital)/ Accouchierhaus
19 Leprosenheim St. Bartholomaei
20 1. Synagoge
21. 2. Synagoge
22 Jüngere Stadtmauer/Wall
23 Weender Tor
24 Groner Tor
25 Geismar Tor
26 Albanitor
27 Stadtschule
28 Grätzelhaus
29 Universitätsreitstall
30 Londonschänke/Michaelishaus
31 Universitätsapotheke
32 Botanischer Garten
33 Reformierte Kirche
34 Katholische Kirche St. Michael
35 Synagoge
36 Bismarckturm
37 Bismarckstein
38 Bismarckhäuschen
39 Alte Universitätskliniken
40 Alte Kaserne/Amtshaus
41 Wörth-Kaserne
42 Lüttich-Kaserne/Gothaer Versicherung
43 Zieten-Kaserne
44 Artillerie-Kaserne/Weender Krankenhaus
45 Max-Planck-Gymnasium
46 Albanischule
47 Felix-Klein-Gymnasium
48 Hainberggymnasium
49 Restauration
50 Theater
51 Reichsbahnausbesserungswerk/Lokhalle
52 Ebertal
53 Bahnhof
54 Anatomisches Institut
55 Flugplatz/Filmstudio/Industriegebiet
56 Stadthalle
57 Neues Rathaus
58 Geisteswissenschaftliches Zentrum
59 Universität Nord
60 Klinikum
61 Neue Universitätsbibliothek
62 Junges Theater

Bahnhof
Weender Landstraße
Kreuzbergring
UNIVERSITÄT
Blauer Turm Mehrzweckgebäude
Geisteswissenschaftliches Zentrum
Platz der Göttinger Sieben
Niedersächsische Staats- und Universitäts-Bibliothek
Auditorium maximum
Nikolausberger Weg
Alter Botanischer Garten
Klinikum Universität Nordbereich
Neu-Mariahilf
Neu-Bethlehem
Theater im OP
MPI f. Geschichte
St. Paulus
Deutsches Theater
Theaterplatz
Herzberger Landstraße
Goethe-Institut
Stadthalle
Rohns'sches Badehaus
St. Albani
Cheltenham-Park
Schwänchenteich
Albani-Friedhof
Friedländer Weg
Neues Rathaus
Sternwarte
Kreisverwaltung
Accouchierhaus
Junges Theater
Wochenmarkt
St. Michael
St. Nikolai
Gänseliesel-Brunnen
Altes Rathaus
St. Johannis
St. Jacobi
Städt. Museum
Reformierte Kirche
Akademische Wissenschaft
Aula
St. Marien
Bismarckhäuschen
Baptisten-Kirche
DLR
MPI f. Strömungsforschung
Bürgerstraße
Reinhäuser Ldstr.
B27
B3/B27
B3
Berliner Straße
Groner-Tor-Str.
Zoolog. Institut Tierärztl. Institut
ZOB
Haupt-Post
Finanzamt
Justizbehörden
Bartholomäus-Friedhof
Schützenplatz
Arbeitsamt
Alte SUB
1. Polizeirevier
Am Steinsgraben
Geismar Landstraße
Walkemühlenweg
Gaußstraße
Keplerstraße
Calsowstraße
Friedrich-Jenner-Str.
David-Hilbert-Straße
Hainholzweg
Fridtjof-Nansen-Weg
Merkelstr.
Dahlmannstraße
Düstere-Eichen-Weg
Hermann-Föge-Weg
Leonard-Nelson-Straße
Nonnenstieg
Habichtsweg
DJH

Studien zur Geschichte der Stadt Göttingen

Herausgegeben von der Stadt Göttingen.
Begründet von Walter Nissen, fortgeführt von Helga-Maria Kühn, Schriftleitung: Ernst Böhme

Band 1 vergriffen!
Kronshage, Walter: Die Bevölkerung Göttingens: ein demographischer Beitrag zur Sozial- und Wirtschaftsgeschichte vom 14. bis 17. Jahrhundert.
Göttingen: Vandenhoeck & Ruprecht, 1960. - IV, 434 S.

Band 2 vergriffen!
Meinhardt, Günther: Münz- und Geldgeschichte der Stadt Göttingen von den Anfängen bis zur Gegenwart.
Göttingen: Vandenhoeck & Ruprecht, 1961. - 249 S.

Band 3
Fesefeldt, Wiebke: Der Wiederbeginn des kommunalen Lebens in Göttingen: die Stadt in den Jahren 1945 bis 1948.
Göttingen: Vandenhoeck & Ruprecht, 1962. - 168 S. ISBN 3-525-85402-1
5,00 EURO

Band 4 vergriffen!
Wellschmied, Karl: Die Hospitäler der Stadt Göttingen: ihre Entwicklung, Verwaltung und Wirtschaft von den Anfängen bis zum Beginn des 19. Jahrhunderts.
Göttingen: Vandenhoeck & Ruprecht, 1963. - 285 S.

Band 5
Mohnhaupt, Heinz: Die Göttinger Ratsverfassung vom 16. bis 19. Jahrhundert.
Göttingen: Vandenhoeck & Ruprecht, 1965. - 166 S. ISBN 3-525-85405-6
5,00 EURO

Band 6 vergriffen!
Wittram, Gerhard: Die Gerichtsverfassung der Stadt Göttingen vom 13. bis zum Ende des 17. Jahrhunderts.
Göttingen: Vandenhoeck & Ruprecht, 1966. - 110 S.

Band 7 vergriffen!
Tütken, Hans: Geschichte des Dorfes und Patrimonialgerichtes Geismar bis zur Gerichtsauflösung im Jahre 1839.
Göttingen: Vandenhoeck & Ruprecht, 1967. - XII, 351 S.

Band 8
Vogelsang, Reinhard: Stadt und Kirche im mittelalterlichen Göttingen.
Göttingen: Vandenhoeck & Ruprecht, 1968. - 128 S. 4,10 EURO

Band 9
Kupsch, Wolf Dietrich: Das Gericht auf dem Leineberg vor Göttingen: Geschichte eines herzoglichen Landgerichts.
Göttingen: Vandenhoeck & Ruprecht, 1972. - 143 S. ISBN 3-525-85409-9 9,90 EURO

Band 10
Wilhelm, Peter: Die jüdische Gemeinde in der Stadt Göttingen von den Anfängen bis zur Emanzipation.
Göttingen: Vandenhoeck & Ruprecht, 1973. - 143 S.: Ill. ISBN 3-525-85410-2
9,90 EURO

Band 11 vergriffen!
Wilhelm, Peter: Die Synagogengemeinde Göttingen, Rosdorf, und Geismar 1850 - 1942.
Göttingen: Vandenhoeck & Ruprecht, 1978. - 124 S.

Band 12
Gerhard, Hans-Jürgen: Diensteinkommen der Göttinger Officianten 1750 - 1850.
Göttingen: Vandenhoeck & Ruprecht, 1978. - 534 S. ISBN 3-525-85412-9 14,90 EURO

Band 13
Boockmann, Andrea: Urfehde und ewige Gefangenschaft im mittelalterlichen Göttingen.
Göttingen: Vandenhoeck & Ruprecht, 1980. - 125 S. ISBN 3-525-85413-7 5,00 EURO

Band 14
Hasselhorn, Fritz: Wie wählte Göttingen?: Wahlverhalten und die soziale Basis der Parteien in Göttingen 1924 - 1933.
Göttingen: Vandenhoeck & Ruprecht, 1983. - 71 S. + 27 Schautafeln.
ISBN 3-525-85414-5 28,00 EURO

Band 15
Sachse, Wieland: Göttingen im 18. und 19. Jahrhundert: zur Bevölkerungs- und Sozialstruktur einer deutschen Universitätsstadt.
Göttingen: Vandenhoeck & Ruprecht, 1987. - 369 S. ISBN 3-525-85415-3 25,00 EURO

Band 16
Binder, Leonore: Hermann Schaper und die Neuausstattung des Göttinger Rathauses 1883 - 1903.
Göttingen: Vandenhoeck & Ruprecht, 1990. - 131 S. ISBN 3-525-85416-1 15,90 EURO

Band 17
Wehking, Sabine: „Ein jeder darf sich gleichen Rechts erfreun ...“: die Geschichte der katholischen Kirche in Göttingen 1746 - 1990.
Göttingen: Vandenhoeck & Ruprecht, 1992. - 186 S. ISBN 3-525-85418-8 15,90 EURO

Band 18
Weber-Reich, Traudel: „Um die Lage der hiesigen nothleidenden Classe zu verbessern“: der Frauenverein zu Göttingen von 1840 bis 1956.
Göttingen: Vandenhoeck & Ruprecht, 1993. - 189 S. ISBN 3-525-85419-6 15,90 EURO

Band 19
Michael, Berthold: Schule und Erziehung im Griff des totalitären Staates: die Göttinger Schulen in der Zeit von 1933 bis 1945.
Göttingen: Vandenhoeck & Ruprecht, 214 S.: Ill. ISBN 3-525-85420-X
15,90 EURO

Band 20
Wehber, Thorsten: Zwischen Hannover und Preußen: politische Parteien in Göttingen 1866 - 1890.
Göttingen: Vandenhoeck & Ruprecht, 1995. - VII, 384 S.: Ill.
ISBN 3-525-85421-8 20,90 EURO

Band 21
Hoheisel, Peter: Die Göttinger Stadtschreiber bis zur Reformation: Einfluß, Sozialprofil, Amtsaufgaben.
Göttingen: Vandenhoeck & Ruprecht, 1998. - X, 287 S.: Ill.
ISBN 3-525-85422-6 22,90 EURO

Band 22
Weber-Reich, Traudel: Pflegen und Heilen in Göttingen. Die Diakonissenanstalt Bethlehem von 1866–1966.
Göttingen: Vandenhoeck & Ruprecht, 1999. - 252 S.: Ill.
ISBN 3-525-85423-4 18,80 EURO

Veröffentlichungen des Stadtarchivs Göttingen

Herausgegeben von der Stadt Göttingen.
Begründet von Helga-Maria Kühn,
Schriftleitung: Ernst Böhme

Band 1
Sürig, Eckhard: Göttinger Zeitungen: ein pressegeschichtlicher und bibliographischer Führer mit Standortnachweisen. -
Göttingen: Stadtarchiv Göttingen,
1985. - 96 S.: Ill. 2,30 EURO

Band 2
Tamke, Gerd: Göttinger Straßennamen nach Familien, Bürgern und Personen. -
2. erw. Aufl. -
Göttingen: Stadtarchiv Göttingen,
1997. - 146 S. 4,60 EURO

Band 3
Kelterborn, Heinz: Der „Steuerumgang" in Göttingen 1539 und 1558. -
Göttingen: Stadtarchiv Göttingen,
1988. - 59 S. 2,60 EURO

Band 4
Bolte, Christina: Plakate im Stadtarchiv Göttingen: eine systematische Übersicht. -
Göttingen: Stadtarchiv Göttingen,
1991. - 70 S.: Ill. 2,60 EURO

Band 5
Winters, Hans: Die Göttinger Stadtverfassung von 1852 - 1994: eine Darstellung ihrer Geschichte und Chronologie mit Abdruck der wichtigsten Dokumente.
Göttingen: Stadtarchiv Göttingen,
1995. - 237 S. 5,10 EURO

Band 6
Böhme, Ernst: Göttingen: kleiner Führer durch die Stadtgeschichte. - 2. Aufl. -
Göttingen: Verlag Göttinger Tageblatt,
2001. - 48 S.: Ill.
ISBN 3-924781-33-8 4,90 EURO

Böhme, Ernst: Göttingen: a small Guide to the Town's history. -
Göttingen: Verlag Göttinger Tageblatt,
2001. - 48 S.: Ill.
ISBN 3-924781-39-7 4,90 EURO

Band 7
„Ins Stammbuch geschrieben": studentische Stammbücher des 18. und 19. Jh. aus der Sammlung des Stadtarchivs Göttingen / Maria Hauff, Hans-Joachim Heerde, Ulrich Rasche (Bearb.). -
Göttingen: Duehrkohp & Radicke, 2000. -
CD-ROM.
ISBN 3-89744-14-9 15,30 EURO

Band 8
Register zur Chronik der Stadt Göttingen für die Jahre 1953 bis 1992 / im Auftrag des Geschichtsvereins für Göttingen und Umgebung, hrsg. von Karl-Friedrich Niemeyer. -
Göttingen: Stadtarchiv Göttingen, 2001. -
68 S. ISBN 3-9803062-1-6 5,10 EURO

Quellen zur Geschichte der Stadt Göttingen

Herausgegeben von der Stadt Göttingen.
Begründet von Helga-Maria Kühn,
Schriftleitung: Ernst Böhme

Band 1
Lubecus, Franciscus:
Göttinger Annalen: von den Anfängen bis zum Jahr 1588 / Franciscus Lubecus. Bearb. von Reinhard Vogelsang. -
Göttingen: Wallstein, 1994. - 565 S.: Ill.
ISBN 3-89244-088-3 39,00 EURO

Dokumente aus dem Stadtarchiv Göttingen

Herausgegeben von der Stadt Göttingen.
Begründet von Helga-Maria Kühn,
Schriftleitung: Ernst Böhme

Band 1
Göttingen im Dritten Reich / bearb. von Peter Aufgebauer und Dieter Neitzert.
Hrsg. von Helga-Maria Kühn. -
Göttingen:
Stadtarchiv Göttingen, 1995. - IX, 66 S.: Ill.
8,00 EURO